三十而立

中国社会史研究中心成立30年

山西大学中国社会史研究中心 编

山西出版传媒集团
山西人民出版社

图书在版编目（CIP）数据

三十而立：中国社会史研究中心成立30年 / 山西大学中国社会史研究中心编. —太原：山西人民出版社，2022.8
ISBN 978-7-203-12289-0

Ⅰ. ①三… Ⅱ. ①山… Ⅲ. ①山西大学—社会史学—研究机构—概况 Ⅳ. ①K02-242.25

中国版本图书馆CIP数据核字（2022）第087741号

三十而立：中国社会史研究中心成立30年

编　　者：山西大学中国社会史研究中心
责任编辑：王新斐
复　　审：吕绘元
终　　审：梁晋华
装帧设计：谢　成

出 版 者：山西出版传媒集团·山西人民出版社
地　　址：太原市建设南路21号
邮　　编：030012
发行营销：0351-4922220　4955996　4956039　4922127（传真）
天猫官网：https://sxrmcbs.tmall.com　电话：0351-4922159
E—mail：sxskcb@163.com　发行部
　　　　　sxskcb@126.com　总编室
网　　址：www.sxskcb.com

经 销 者：山西出版传媒集团·山西人民出版社
承 印 厂：山西出版传媒集团·山西人民印刷有限责任公司

开　　本：720mm×1020mm　1/16
印　　张：15
字　　数：220千字
版　　次：2022年8月　第1版
印　　次：2022年8月　第1次印刷
书　　号：ISBN 978-7-203-12289-0
定　　价：86.00元

如有印装质量问题请与本社联系调换

山西大學中國社會史研究中心

Research Center for Chinese Social History,Shanxi University

三十而立

山西大学中国社会史研究中心

山西大学鉴知楼（中国社会史研究中心）

三十而立

山西大学中国社会史研究中心

田野访谈
田野考察

《教研相长七书》

《社会史研究集刊》

《沁河风韵系列丛书》

《田野·社会丛书》

目　录

"教研相长"绝非空辞(代序)

行 龙[①]

"教学相长"可谓耳熟能详。《礼记·学记》言:"是故学然后知不足,教然后知困。知不足然后能自反也,知困然后能自强也。故曰:教学相长也。"

这篇小文题目中所说的"教研相长",则是强调教学与研究要互相促进、互相提高。作为一名高等学校的教师,既要把自己的研究成果融入教学实践中去,又要把教学实践中的问题引入自己的科学研究中来,由"知不足""知困",到"自反""自强",确实朝着"教研相长"的方向不断努力。回想自己近四十年来教学科研的历程,如果说还有那么一点成绩值得总结,我想首先就是这个"教研相长"。

忆记 2008 年 5 月,在山西大学举行的建校 106 周年纪念活动中,我在大会上有一个发言,其中谈到"教研相长":

> 教师的天职是教书育人,传道、授业、解惑即为师之本。目前,高校普遍存在的一个令人担忧的现象是重科研而轻教学,它与不合理的各种考核和晋升条件有直接的关联,也与社会风气的影响

---

① 行龙,山西大学中国社会史研究中心主任、教授。

直接相关。我记得，1985年留校任教后，乔志强先生曾和我有过一次认真的谈话，主题就是讲教学是教师的第一要务，站不稳三尺讲台，就没有立身之本，青年教师要把过好教学关当作工作后的第一关去认真对待，不得丝毫马虎。三十年来，我一直把老师的忠告铭记心间，即使在最近这些年繁重的行政工作压力下，我也尽量给本科生上课，争取上好每一节课。对自己的学生我也如此要求，尽管可能会累一点，但我们作为一个教师，心里实在有一种良心上的满足感。目前，由我带头的《区域社会史导论》课程已成为国家优秀精品课程，团队也获得国家优秀教学团队的荣誉。我们还以精品课程为核心，开展了"校园历史文化节""鉴知精品课程青年教师培训班"两项活动，有关的教材也在积极地编写过程中。事实证明，通过高质量的教学活动，大大促进了科学研究的广度和深度。教研相长绝非空辞。（《风华正茂：中国社会史研究中心成立20年》，山西人民出版社2014年版，第8页）

"问渠那得清如许，为有源头活水来"。我认识和体会的"教研相长"是从老师乔志强那里学来的。乔志强先生是一位教学和科研都极为认真且富有成就的学者。在我的记忆中，老师上课总是那么认真，他总是会挎着一个蓝色的帆布书包早早地来到教室，里面装满了各种参考资料和书籍，从没有迟到过一分钟；楷体的板书是那么一笔一画，一丝不苟；讲课亦是不急不缓，娓娓道来。老师对教学认真的态度对我是一个很大的教育。先生晚年从事的近代中国社会史，正是他教学和科研结合的硕果，后来由他主编的《中国近代社会史》便是他指导学生反复修订的国内第一本具有完整体系的社会史著作。该书在20世纪90年代还获得了教育部优秀教学成果奖，成为至今许多高校本科生、研究生的必读书和教材。

几十年来，我就是以先生为楷模来努力做好一名教师的。犹记得自己刚刚成为一名教师初登讲台时的那种忐忑不安，唯恐自己讲不好课，无法立足讲台，白天晚上脑子里都是在琢磨编讲义、写教材，怎么样把课上好。熬夜到很晚备课是常有的事，甚有一觉醒来产生新的想法即刻伏案备课的经历。正是这种如履薄冰的紧迫感和责任感，才有了作为一名高等学校教师的身份感。自1985年留校工作以来，除在中国人民大学攻读博士学位的三年（1995—1998），我一直都在教学一线，从事本科教学工作，先后开设了《中国近代史》《中国近代社会史》《中国近代人口史》《区域社会史导论》《山大往事》（校本通识课）等课程，除《中国近代史》之外，其余四门课程都是我新开的课程。我的第一本专著《人口问题与近代社会》，其实也是在老师的指导下，"教研相长"的一个小小的成果。

耳提面命、耳濡目染，从老师那里学到了"教研相长"的为师之道，我也想将此传给我的学生。2003年，我被任命为山西大学副校长，其间分管本科教学工作多年。俗话说："打铁还需自身硬"，我要老师们做到的，首先自己必须做到。除了带硕士生、博士生以外，在繁重的行政工作之余，我仍然坚持带本科课程，从未间断。21世纪以来，顺应社会史研究从整体到区域的学术潮流，中国社会史研究中心也将以山西为中心的区域社会史作为研究重心，我早年培养的博士生也陆续毕业，进而走上大学讲台。2004年开始，从"教研相长"的理念出发，我带领研究中心的其他七位青年教师首先在历史系开设了《区域社会史导论》新课程。目前，国内许多高校的历史专业都相继开设了此类课程，山西大学这门课程在国内具有一定的开创性意义。

《区域社会史导论》是一门集体授课的课程，中国社会史研究中心八位老师每人两讲，在我提出的大纲基础上，大家一起集体讨论教案，反复修订，经过课程讲授—田野考察—修订教材，不断地循环往复，经过10余年努力，终于有了2018年《区域社会史研究导论》教材。该书共七章一个绪论，讲授区域社会史研究的趋向、学科定位、区域特性、小地方与大历史以及区域社会史研究的理论、方法、资料等内容，意在提供给学生一个怎样研究区域社会史的入门教材。

应该特别指出的是，"教研相长"在相关的教学和研究中起到了非常重要的作用。通过《区域社会史研究导论》这门课程的开设，各位青年教师不仅精深地钻研过各自讲述的章节，又在轮番往复的讲课和讨论过程中对区域社会史有了宏观的把握，进而推动了社会史研究中心及各位教师的研究水平提升。至今社会史研究中心的水利社会史、集体化时代的农村研究及相关理论和方法之所以能在全国有一定的影响力，与这门课程的开设有很大的关系。各位青年教师在"教研相长"的实践中逐步形成了自己的研究方向和特色，并有很好的成果问世。《区域社会史导论》课程及团队也先后获得了国家精品课程、视频公开课、国家级优秀教学团队等荣誉。以此为动力，青年教师也各自积极开展有关课程的改革探索，在教学和研究两方面都取得了不俗的成绩。2014年，山西大学中国社会史研究中心被人力资源和社会保障部、教育部共同授予"全国教育系统先进单位"的荣誉称号。后来我知道，人力资源和社会保障部的有关领导同志来中心考察，充分肯定如此小规模的科研单位能够这样重视教学工作，是获得这一荣誉的重要考量条件之一，我感到很是中肯。

应该承认，当下大学课堂中教学与实践相脱节的现象还比较严重，具体表现就是习惯单向的老师课堂讲授，缺乏有效的社会实践内容充分调动学生学习的积极性和创造性，提高学生分析问题和解决问题的能力，说的时间很长、很多，但实际效果并不明显。针对这个问题，我们在教学过程中，坚持开辟"校园—田野"两个课堂，带领学生以小分队的形式深入乡村社会，体察民情民风，关注社会现实问题，这也就是我一直强调的走向田野与社会的治学理念。历史学是一门古老的学科，但它不是"老古董"，历史与现实紧密相连，"历史是最好的教科书"，田野是历史的大课堂，从现实出发去理解历史，往往会对我们全面系统地认识历史、认识国情有贯通的启发。2008年，我们在已经收集到大量来自基层农村的档案资料的基础上，建成了一个集实物、档案、报刊、图片为一体的"集体化时代的农村社会综合展"展馆（山西省爱国主义教育基地）；2014 年与山西省永济市合作建立了国家级历史学本科校外教学实践基地；包括后来相继建立的赤桥田野工作坊、永济田野工作坊、沁水流域田野工作坊等，都是积极开辟"校园—田野"两个课堂的实践。一门课程，两个课堂，受到学生的普遍好评。

岁月如梭，山西大学中国社会史研究中心已到"而立之年"，四代学人，薪火相继，"教研相长"也取得了一些成果。为了总结也为了前瞻，2018 年我们出版了《教研相长七书》，从乔志强先生的《中国近代社会史》到《区域社会史研究导论》，再到《在田野中发现历史：学生田野调查报告》（永济篇、赤桥篇）、《山西区域社会史十五讲》《区域社会史研究读本》等七本著述，形成了一个系列的课程教材体系。这七本著作中既收录有老师们在教学过程中"初次亮相"的教研成果，也辑录了学生们的田野考察报告与实践论文，可以说是我们多年来"教研相长"的一次成果汇报。

《教研相长七书》出版后，得到高校教师和社会各界的好评。认为"山西大学四代人持续从事社会史学科事业难能可贵"。一篇对七十年来中国区域社会史研究的综述文章如此写道：

> 以山西大学的中国社会史研究中心为例，经过二十余年的韬光养晦，其终成一支在区域社会史领域掌握话语权的、极富活力和创新精神的科研团队。其近期出版的《教研相长七书》，从区域社会史的理论到实践，从研究方法到研究模板，为在区域社会史领域的教学和科研提供了范本和教材。而早期拍摄的国家精品课程《区域社会史研究导论》，也已经成为许多院校学习的典范。或许这正是中国区域社会史前进的必经之路。（虞和平、陈锋主编《区域社会与文化研究》第一辑，社会科学文献出版社 2020 年版，第 363 页）

最后，我还想说的是，目前中国高等教育仍然面临着许多挑战和问题，其中重科研、轻教学，科研和教学脱节的现象还比较突出。山西大学中国社会史研究中心仅十二人，我们既作为研究团队，又作为教学团队，一肩双任，虽苦犹乐，这是因为我们首先是一个大学的老师。在科研和教学的长期实践过程中，我们确实有一份责任感，又有一份快乐感。正如我在《教研相长七书》总序中所讲的："'教研相长'是一个需要长期坚持和努力的过程，在目前这样的环境中也是需要比别人付出更多心血的过程。过程之漫长并不可怕，好在这个过程是快乐的。"

附记：本文应山西大学教务处工作报告而作，2021 年 5 月 24 日，于社会史研究中心。

立足三晋大地　驰骋学术巅峰

——写在山西大学中国社会史研究中心成立三十周年之际

祁建民 ①

　　时光流逝，岁月如梭，山西大学中国社会史研究中心（以下简称社会史中心）一晃已经成立三十周年。三十年间，从乔志强先生高瞻远瞩、呕心初创，到行龙老师睿智指导、精心筹划，再到现在学术群星并起、光芒灿烂，这里已经成为中国社会史研究的一大重镇，令人钦佩。

　　社会史中心诞生于山西大学这所百年名校，有着深厚的学术底蕴与大家气派。山西大学是中国最早的国立大学之一，1903 年，按照清朝所定《学堂章程》，全国只有京师、北洋和山西这三所大学堂。山西大学堂弘扬华夏文化传统，吸收西洋文明精华，曾是近代中国高等教育的尖端代表。以后虽经政局动乱、战争破坏，这所大学一直顽强坚持下来。1949 年以后经过院系调整和高教体制变动，山西大学的法学部分并入北京大学，财经专业调入中国人民大学，工科一部加盟北京钢铁学院（今北京科技大学）和西北工学院（今西北工业大学），余下部分又分出太原工学院（今太原理工大学）和山西医学院（今山西医科大学），为新中国高等教育的发展做出重大贡献，不过学校规模由此剧减，成为一所地方大学。即使如此，山西大学堂的文化基因

---

① 祁建民，日本长崎县立大学国际社会学院教授。

与豪迈气概却没有因此隔绝，经过几代山大人的努力，这所百年名校正在重新踏入中国高等教育的第一方阵。社会史中心传承山西大学堂的辉煌历史，充分体现了百年山大艰难曲折、薪火相传、孜孜以求、再攀高峰的精神。

社会史中心立足三晋大地，从这块社会文化基础深厚的大地上发现课题，汲取营养。表里山河的三晋大地既是中华民族的核心发祥地之一，也是古代农耕文明与游牧文明交锋融合的最前线，这里地势相对独立，文明延绵不绝，自古以来在这块大地上就演绎出许多慷慨雄壮的历史华章。近世以后，晋商兴盛、丁戊奇荒、义和团灭洋、模范省治、抗战脊梁、集体化先声、农业学大寨、经济转型、脱贫攻坚，都在这里发生兴起，影响遍及全国以至海外。这就为山西社会史研究提供了无穷的课题、丰富的文献和施展才华的舞台。社会史中心诸贤关于刘大鹏与晋祠、人口与水利、灾荒与地震、土地和农业、根据地与集体化、戏曲与文化、金融与晋商、环境与地理、洋教与山西、煤炭与资源等诸多方面的高质量研究，都是以山西为对象，从山西出发。学界兴起研究山西的热潮，社会史中心的引领示范，功不可没。

山西文化深厚，晋人自古尊重历史，他们对于过去不但勤于记载，而且精心呵护家乡文献，传之后世。卓越的史学研究离不开文献资料的支撑，多年来社会史中心力行走向田野与社会，收集整理了大量地方历史文献，为社会史研究提供了基础保证。现在社会史中心已经收集整理了省内200多个村庄的集体化时期资料，总数达500多箱。另外，还有一些企业和水利机关的档案。近年社会史中心又开展对于山西抗战史料的收集整理，已经获得大量抗战碑刻、地图、民间档案和根据地出版物。这种有计划、大规模的文献收集整理在国内外均属罕见，不但使得高质量研究成果层出不穷，其所收集的文献资料也为保护山西文脉，传承三晋社会记忆做出贡献，随着时间的推移，社会史中心的这项工作将愈益为世人瞩目，功在当代，惠及后人。

卓越的史学研究不但要有新资料的发现利用，更需要研究方法的多元创新。社会史中心从一开创就以区域社会史为基本学术取向。对于区域社会史，法国年鉴学派曾有许多经典研究，中国早在20世纪30年代对于区域经济社会史的研究也已出现。社会史中心立足山西，对于这一区域的阶级、阶层、社团、秘密结社、土地制度、水利习惯、社会运动、民众心理、生活方式、地理环境、民俗文化、文明交流以及城市化等展开详细研究，辩证地把握历史的整体性与特殊性，将山西区域的社会特征从历史的整体性上进行把握并关注到区域特点，科学地将微观事件与宏观历史结合起来。社会史中心的《区域社会史研究导论》团队被评为国家级优秀教学团队，该课程作为教育部精品视频公开课向社会开放，大大推动了中国区域社会史研究的发展。

凡是到过或接触过社会史中心及其成员的人都会感觉到他们都具有一种敬畏学问、踏踏实实、勤奋上进、朴素诚恳的精神与气质。经过三代人的传承弘扬，社会史中心形成了一种良好的研究风气和学术氛围。学术带头人的大家风范、研究成员的扎实勤奋、研究生的认真刻苦，都给人留下深刻印象。一个优秀的学术团队必定要有一种良好的精神，社会史中心之所以成为研究重镇，离不开这种精神与氛围。我们可以将这种精神称为"鉴知精神"（社会史中心所在建筑物是"鉴知楼"）。

作为优秀学术共同体必然要具有完善的组织机能。许多研究机构存在着两种状态。一种是各自为战，独自进行研究，虽然个人研究各显神通，但是主题分散，没有集体性标志性成果；另一种是高度集体化，学术带头人主持策划，其他成员按要求完成子项目课题或承担部分章节，虽然有重大集体成果，但是体现不出研究的个性。社会史中心则采取灵活统一的组织结构，在这里既有个人的专项研究也有集体合作，既能出集体性、标志性成果，也有个人的专长研究成果问世，有分有合，最大限度地体现了人文科学研究的个体钻研与学问切磋、互补共进的特性。学术带头人总体谋划，每位研究者的特长充分发挥，研究课题分头突进，研究意识和方法相互交流。近年来，社会史中心出版了《田野·社会丛书》《教研相长七书》《沁河风韵系列丛书》，并主办《社会史研究》辑刊，成果卓著，这都得益于其完善的研究体制。

正是有了山西大学堂的学术底蕴、三晋大地的社会文化土壤、丰富的地方资料、科学的研究方法、良好的研究精神和完善的组织机能，使得社会史中心培养出一批研究中坚，发表了一系列优秀成果，才能在当代中国社会史研究领域独树一帜，脱颖而出。改用托尔斯泰的话，成功的学术组织都一样，失败的学术组织各有各的不足。从山西大学中国社会史研究中心的成功可以总结出铸成优秀学术团体的共通性秘诀。值此社会史中心成立三十周年之际，其成就与经验值得学界分享深思。

从教育殿堂到学术重镇

——祝贺山西大学中国社会史研究中心三十华诞

安介生[①]

　　作为一位在山西成长的学子，山西大学在我的心目中始终是一个高大庄严的存在。一个区域的开发与发展，与当地教育普及程度息息相关。如果不谈普通民众的受教育水平，而空谈所谓"民族性"或"民众素质"等问题，那肯定是无的放矢、徒劳无益的。据说中华人民共和国建立初期，文盲率高达80%以上，这也许就是当时社会发展所面临的最严峻的挑战之一。改变这种状况，也成为建国初期开展民众识字运动的初衷。

　　一个区域的教育发展水平，在很大程度上还在于高等教育机构的设置。关于山西大学在中国教育史上的地位与影响，行龙教授在《山大往事》一书中已经有了充分的说明，而山西大学在山西地方教育上的贡献与成就，更是无法抹灭的。从明清时代名闻遐迩的三立书院、晋阳书院开始，无数山西仁人志士为发展地方教育事业，培育人才辛苦奔波，呕心沥血，山西教育与学术发展也从此呈现新的面貌。至1902年，中西合璧的山西大学堂问世。百余年来，出于其取得的卓越成就，山西大学成为许多人心目中"亚洲最好的大学之一"。

　　重视中国社会史研究，是山西大学前辈学者们的特殊贡献与宝贵

[①] 安介生，复旦大学历史地理研究中心教授。

遗产。在我刚上大学本科时，江地先生的捻军史研究就颇有影响。乔志强先生主编的《中国近代社会史》（人民出版社 1992 年版）被称为国内第一本系统的社会史研究著作，开创之功，嘉惠后人。回想当年我拿到乔志强与行龙教授共同主编的《近代华北农村社会变迁》（人民出版社 1998 年版）一书时，沉甸甸的巨著，深感震撼。学问可以做到如此精深的程度，自然会大大激发后辈学子投身于学术事业的热忱。

对于今天山西大学中国社会史研究中心的发展，行龙教授可谓居功至伟。作为后学，尽管本人与山西大学中国社会史研究中心创始人乔志强先生缘悭一面。然而，与行龙教授却是亦师亦友，过从至今已达 30 年。记得结识行龙教授，是在 1991 年。当时，我刚刚考入复旦大学中国历史地理研究所，师从葛剑雄先生攻读硕士学位。那一年，葛先生承办了"地理环境在历史上的影响"学术研讨会，特邀行龙教授出席。那时，我只是一枚青葱学子，帮忙会务，有幸全程参加了会议。行龙先生那时已是副教授，风度翩翩、谦逊诚恳。因为同是山西人，我和行龙教授的交往从此多了起来，彼此也更为熟悉。之后的岁月里，行龙教授对我的关心、提携与帮助，从未有过间断，至今让我深为感动。如今，行龙教授虽已是著述宏富、桃李众多，但他致力于学术事业的热情却没有丝毫消减。前些年，行龙教授领导他的学术团队，对山西沁河流域进行多学科、全方位的研究，其最终成果，著述竟达三十一种，令人赞叹，这在中国学术界恐怕也是前所未有的创举。记得有一年，在山西永济市召开学术会议时，开幕式与主题报告长达数小时，身居山西大学副校长高位的行龙教授却坐在前排，仔细聆听，认真做笔记，没有一丝倦怠与无奈之意。笔者目睹此景，也知道了行龙教授多年来教学与科研工作成就斐然的缘由。

以前似乎有一种说法：山西人不擅长科举考试，历史上一个状元也没有拿到过。但是，就笔者多年从事历史地理及山西地方史的研究心得而言，山西人也许不擅长科举考试，却并非不擅长学术研究。且不说古代学术史上鼎鼎大名的裴秀、郭璞等人，就有清一代而言，山西地区人才辈出，其中，不少就出自三立与晋阳书院。这其中包括祁韵士与祁寯藻父子、张穆等人，而后者数人为中国近代边疆史地的发展做出了重要贡献。2002 年，在上海师范大学参加第九届中国社会史学术研讨会时，又结识了张俊峰教授，他那时正跟随行龙教授攻读博士。后来趁着回山西开会的时机，我又结识了胡英泽教授与郝平教授，从此成为学术上的知己和最好的朋友。他们都曾跟随行龙教授攻读硕士、博士学位。我们经常一起参加学术讨论会，共同商讨前沿问题，其乐融融。如今，他们也都成为备受瞩目、成绩卓然的学术中坚，由此也可以看出中国社会史研究中心实力雄厚、潜力巨大。

个人以为：山西大学中国社会史研究中心的中坚力量们之所以能够取得如此骄人的学术成绩，造诣卓荦不凡，除了他们每个人勤奋努力的因素外，还在于他们发现与研究了诸多前沿问题，踏实地走在了根基于区域发展，扎根于乡土社会的学术道路之上。注重区域研究与地理要素的影响，是 20 世纪世界学术发展的一个重要趋势，不再空谈宏观，而是由微观而宏观。中国社会史研究中心所积累的丰厚著述，都有着区域研究与微观分析的特色与优势，这些著述大大促进了人们对于山西乃至全国区域社会的认知，代表了中国学术界社会史研究的高水平及未来方向，从而筑就了一块众人仰慕的学术高地。

深切祝愿山西大学中国社会史研究中心根深叶茂、蓬勃向上，为中国学术事业发展做出更多、更大的贡献！

人生行旅　悟道几重

——祝山西大学中国社会史研究中心成立 30 周年

杜　靖[①]

晋山、晋水、晋人，是故乡之外一生体会最深刻的了。有时梦里醒来，犹回味揪片、红面、擦面、灌肠、刀削面、猫耳朵、推窝窝、莜面栲栳栳这些数也数不清、说也说不完的面食，还有这面食背后浮动的一幅幅历史场景和当今诸多学友的音容笑貌。

2015 年 6 月下旬，余尾随上海师范大学历史系钱杭教授、山西大学中国社会史研究中心张俊峰教授及诸生往晋东南考察宗族。26 日上午到沁县城南一个小镇上，见一老者当街烤一种空心烧饼，十余个街坊邻居，或站、或蹲、或倚墙而立，一边看老者制作烧饼，一边看来来往往的人买来买去，还一边闲话不已。出于好奇，我和钱杭围观。

烧饼是在一个壁炉里烤制的。所谓壁炉，由一口陶缸或瓷缸改造而成。缸底捣掉，装上炉箅子，红红的焦炭在炉箅子上燃烧，将贴在炉内壁上的面饼烤熟。奇怪的是，这里的烧饼不同于他处，因为贴在壁上不久就鼓起一个包，像是用气吹出来的一样。气，是从哪里产生的？我伸长了脖子，仔细观看老者的动作。

但见他从一堆面团上揪下一块面，然后用擀面槌擀成一个圆饼，复用羹匙从一个碗里挖出一匙油乎乎的东西，摊在面饼上。接下来，

---

① 杜靖，青岛大学中国法律人类学研究中心教授。

把面饼再次团好，团成一团，再用擀槌将其擀压成一个圆饼。老者拿起案子上一把笤帚，把面饼放在笤帚上，伸进炉子内，啪一声糊在内壁上。剩下的工作，就交给炭火了。

原来机巧全出在这一匙油乎乎的东西上。我们虚心向老者请教，他告诉我们，这个叫"油心"，使用花生油、花椒面和食盐调制而成的。原来是这些东西在受热后产生气体，才将面饼鼓成一个腔腔的。黄土高原上的人们真是智慧。

问题远没有这么简单，除了核心技术"油心"外，能制作这样的烧饼还与和面有关。若全用发酵的面，不可，因为产生的气体容易把面皮鼓破；若全用"死面"，即未经发酵的面，亦不可，因为产生的气体不足以将面饼鼓成一个腔。所以，发酵好的面和生面按比例搭配才行。多少为佳？大约用三成发酵好的面，加上七成未发酵的面，然后掺上少量麻油、碱面揉制。面也不取自别处，全是当地黄土地上的小麦磨制的面粉。

烤熟一个，老者便一手持帚，一手持一铁铲，将烧饼从内炉壁上"戗"下来。笤帚托着热乎乎的烧饼，划出一道优美的圆弧，烧饼就落在炉边的一个饭筐子里。动作娴熟，一气呵成，真不亚于庖丁解牛。看得我们眼热，禁不住胃里有想法，口水也早早流下来。还未等我开口提议，钱先生就问："杜靖，有没有零钱？"我一边回答："有"，一边从旅行包里摸出四枚一元的硬币交给老者，老者给我们四个烧饼。二一添作五，每人俩。

烧饼的外皮烤得焦黄，用手掰开，噗的一声窜出一口白气，香气在街道上弥漫。分分钟，两个烧饼就下肚了。要知道，早上沁县县委宣传部的领导早已把我们喂饱了，搁在平时，哪里还装得下？临走，我们还看了一眼炉子的外壁，那是糊的一层厚厚的黄土高原上的黄泥，掺着麦糠和成的。泥干了，就成土。我们一路上都琢磨这黄泥的作用。

2012 年暑期，山西大学中国社会史研究中心在晋东南的阳城县开了一个学术会议。会后，我们跑到康熙爷的老师陈廷敬的家里，即午亭山庄。在午亭山庄，结合陈氏家庙，听李伯重、张小军二先生给我讲家庙制度。这次会议，香港科技大学人文学院的院长李中清教授也到了，他是有名的计量史专家，我送他一本《九族与乡土》，他不想欠我人情，非请我喝可口可乐不可。记得是个下午，会议开到一半，他就把我拖出来，到了楼下的大堂里要了四瓶，然后就嘴对嘴吹起来。中清先生是著名物理学家李政道的公子，胖胖的，肚子挺得很大，就像香港那个武打影星洪金宝的肚子，一肚子学问。那时他已有六十多岁，按道理与我是隔着辈分的学者，然而中清先生全不介意此世间俗套，只是与我坐而论道，学问短长，虽半个下午，受益良多。

这次会议，日本的青年学子饭山知保、河野太郎也来了，学问做得都很扎实。饭山温文尔雅，河野粗犷豪放，第一天晚宴便要拼酒。记得当时，郝平、英泽二兄也在座，他们的酒量均远胜于我。可是，这河野偏偏能饮，你敬他一杯，他也敬你一杯，不依不饶，绵连不断。总不能输给日本人吧？输了，咱面子上过不去。席间，似有人耳语"表里山河"。意乱神迷之际，受此戏语怂恿，放饮开来。结果，余饮白酒一斤三两，全在五十度以上，外加几瓶啤酒。深夜回到房间，江河倒泻。这算是在晋东南的一次快意人生。

2016 年初秋，在太原，又是学术会议。这次会议虽然大家饮酒不多，只是好友相聚，喝个仪式、喝个高兴，然而我却喝醉了。醉翁之意不在酒，在乎山西陈醋也。

盖晋水碱重，不得已用醋化软。千百年来，酝酝酿酿，晋人掌握了一套精湛的工艺，遂有这天下的美食。在山西，凡较讲究的筵饮，总要在举杯前，主人请客人先啜一小瓶陈醋。比如，当今的太原三晋会馆。那陈醋非同一般，用黄土高原上出产的小米酿制，汁液浓厚，味道醇正。厚到一个什么程度呢？你倒一浅碟放在那里，几天蒸发掉水分后，碟子底部便会澄下一层厚厚的醋泥。醋泥乎？都是粮食。我想，应该叫"原浆陈醋"，这个名字最恰当。而醇到啥地步呢？犹如听晋地方言一样的感觉。所以，好几年里我都怀疑，晋方言是山西陈醋浸出来的。

这一次在山西大学边上的招待所里，也是有美醋的。行龙、钱杭二先生稳定"大局"。介生、郝平、英泽、俊峰诸兄挨肩而坐。由于那段时间胃不好，我就提出自己不喝酒的意见来。郝平兄不饶我，争执了几番，我便改作饮醋。众人见我执拗，只好依了我，并叮嘱不许反悔。我想，醋有啥嘞？有何惧哉？何况开宴前的一小瓶没有过够瘾呢！

人家一杯酒，我就一杯醋，每杯半两。初饮三杯，杯杯觉香，然而行至第四杯，我的牙齿就受不了了，因为平素咬骨断筋的牙齿再也嚼不动一桌子的美食，遂求告饶。大家都是多年好友，只好放了我，得了饮食的自由，专拣那汤汤水水的用。次日，胃儿不蠕动。方悟人生不能贪"杯"之道，不论什么杯。自那以后，再好的东西，我也就是一尝而已，不敢饕餮。

三十年前，历史学家乔志强先生创立了山西大学中国社会史研究中心。1994 年，山西介休籍著名人类学家乔健先生在山西大学成立了华北文化研究中心，之后两个中心合为一体，实际上是两块牌子一套人马。后经第二代学术带头人行龙先生擘画，郝平、英泽、俊峰诸兄努力，如今已蔚然大观。他们不仅有一支稳定的研究队伍，而且扎根山西，开辟了将社会、历史、文化放在生态环境中理解的思路，丰富了中国经验研究的方法，产生了一大批在海内外有影响的学术成果。这些成果不仅属于历史学，也属于人类学，有几个理论解说模式和概念已进入了当代中国人类学的发展叙事之中。我以为，这是从事中国人类学学科史研究必须关注到的事情。

俊峰兄打来电话，嘱我交一篇作文，短长不论，以纪念研究中心建立三十周年。思前想后，我写了以上三个有关饮食的片段。看上去文字谑浪，有点不正经，但仔细咂摸，实是折射出他们热情好客，广泛开展学术交流的美好品格。也正是这种开放的、把学问当作生命来对待的心态，促成他们举办了许多学术会议，邀请我们这些外埠的学者进入山西考察。在他们的理解里，不论是他们自己做学问，还是外地学者入晋考察、写文章，都是为了山西，为了中国的学术进步和发展。噫，其心胸不可谓不阔大矣！

浚深掘广　水到渠成

张继莹[①]

　　初次踏上山西大地是在 2010 年暑假。那年，感谢邱仲麟教授引荐，让我认识山西大学中国社会史研究中心的师长，开启个人学术研究的漫长旅程。

　　山西，对一个生活在低纬度空间的学生来说，一切都是新奇的，特别是我准备以"山西水利"作为博士论文的主题。从飞机接近地面开始，我就睁大眼睛，试想从空中捕抓一两条水渠的模样，兴奋之情难以言喻。随着飞机到站，我却开始紧张，此行主要是参加山西大学中国社会史研究中心举办的"首届中国水利社会史"国际学术研讨会，准备报告一篇关于山西水利的论文。一个研究者面对自己的研究对象时都不免紧张，更何况是要面对一群研究山西的山西人。

　　怀着这种紧张的情绪上台报告，我努力让自己表现得正常。但重点不是我，而是中心的师长。映入眼帘的是行龙老师与中心的同仁，时而沉思、时而奋笔疾书，个个对讲者的论点都认真记录。不管台上的报告者是谁，师长们总是抱着学习新知的态度，不断思考早已熟悉的生活环境以及历史。师长们以开放的态度，欢迎所有研究山西的学人，每次聚会都能与来自各地的方家交流讨论。现在想想，这就是山西大学中国社会史研究中心一直茁壮成长的动力。

①　张继莹，台湾清华大学通识教育中心暨历史所合聘助理教授。

在我毕业前，几乎每年都参加中心举办的会议，并且把博士论文的主要观点，与诸位师友讨论，获得许多实质的回馈与宝贵的修改意见。毕业后，有幸在"中央研究院"史语所进行博士后研究，这段时间我开启在山西的田野调查。说来惭愧，当学生时经济状况以及家庭因素都不允许我在研究地久待，毕业后才进行田野补课。还记得张俊峰教授特地带我到河津，亲眼见到清水与浊水的灌溉系统，厘清许多文字记录上的盲点与村庄间的关系。那晚，我们在河津的小镇旅馆，讨论志书以及当天所见的一切，思考当代工业兴衰与当地人的生活转变。我们踱步在夜里的宁静小镇，跨越时间界线的关怀，吸收土地的养分，联结古今。

第二次密集的田野调查是胡英泽教授安排的，他让张力老师陪着我考察太原附近的祈雨神庙。张力老师当时还是学生，我俩决定体验古代县令祈雨的路程，从崛围山脚下徒步前往多福寺。当天气候相当炎热，太原已经缺雨一段时间，山下所见的作物略有凋萎之态。两个男子轻装简从，原以为是个简单的登山锻炼。没想到山顶看似在眼前，却怎么走也走不到。一路走走停停，约莫三个小时才走到多福寺。在寺前两人搭肩请路人帮我们照相留念，好笑的是，若不搭肩，两人恐怕是站不直腰。想想上来一趟真不容易，离去前决定上一炷香，以告天地。怎知一插香，风云变色，雷鸣雨降。这新奇的巧合，莫非就是祈雨应验的感受。招了辆车下山，沿途见到的作物已现生意。这让我重新思考了水与山西土地的关系，还有那些看似神秘的祈雨经验。

结合文字与历史现场的相互印证，获得的不仅仅是历史感，更是人们生活的体验。这种体验可以让研究者的灵感生生不息。据我所知，社会史研究中心不停搜集各种地方文献，从水利碑刻、契约文书、图像资料到地方基层的档案比比皆是，时间的跨度更是含纳远古到当代，对研究者来说就是史料的宝山。但更重要的是，社会史研究中心的师长与来访学人都能在山西的空间，体会这些史料生成的脉络，以及文字背后那些人们实际生活的面貌。这些都是中心屡屡创新研究的根本原因。

自第一次来到社会史研究中心至今已十来年了，"以文会友"是我与中心师友相处的方式，既简单而又密切。所有的关心，都是围绕在山西研究的共同关怀。犹记几年前，为谋职而忙碌时，行龙教授常托人捎来问候，或问家人健康、或问研究近况、或问职涯志趣，点点滴滴都让我知道远方仍有人在惦记与鼓励着自己，这些都是让人难以忘怀的温暖。

回想自己从事山西研究的日子，有一次在公开场合报告后，一位老师告诉我："你真的很融入山西，你报告中都会说'我们山西'如何如何。"是的，山西就是我朝思暮想的地方，是我的研究，也是我的另一个家乡。这一切都是从山大社会史研究中心开始的。谨以此文祝贺中心成立三十周年。

奇文共欣赏　疑义相与析

——和山西大学中国社会史研究中心学人切磋论文的一些片段

吕文浩 [①]

前不久，老友张俊峰教授告诉我，山西大学中国社会史研究中心（以下简称"中心"）即将迎来三十周年的庆典，嘱我一定为此写一篇纪念文章。我和"中心"学人的交往始于 2001 年夏在中国社会史学会上海年会上和俊峰兄的结识。由俊峰兄介绍，我陆续和"中心"的郝平、胡英泽、常利兵、马维强等认识，后来都成为很好的朋友，甚至和他们学生辈中的一些人都有了交谊。由俊峰兄来约稿是最合适的，也是我不能推辞的。

初识俊峰兄时，他年仅 25 岁，刚刚硕士毕业留校，即将跟随行龙教授在职攻读博士学位。为了给自己增加底气，他在名片上印了"张俊峰博士"五个字。伴随着黄浦江上的灯影水声，俊峰兄向我意气风发地讲述"行门"师徒几人在学业上的苦苦探索，他说在某些场合他曾"泪流满面"。此情此景，依稀如昨。转眼二十年过去了，当年尚显青涩的才俊已然成为闻名中国社会史学界的"一方诸侯"，而他所在的"中心"也从三四个人的地方性研究机构成长为在国内外中国社会史研究领域享有盛名的学术重镇。"中心"超常规的跨越式发展，创造了学术发展史上的一个奇迹，其成长历程应该加以完整记录，

---

① 吕文浩，中国社会科学院近代史研究所副研究员。

其成功经验（如祁建民教授总结的：山西大学堂的学术底蕴、三晋大地的社会文化土壤、丰富的地方资料、科学的研究方法、良好的研究精神和完善的组织机能等）特别值得向学术界展示和推广。但全面总结"中心"的历史过程和宝贵经验固非我所宜，亦非我所能胜任。我想，提高论文品质、发表高水平论文是"中心"能够在学术界声誉鹊起的一个重要原因。这方面的经验也应该有所总结。这里，我只想说一说我和"中心"的朋友，尤其是俊峰兄切磋论文的一些难忘经历。

2005 年夏，中国近代社会史学会首届年会在青岛举行。在这次会议上，我因俊峰兄的引介结识了郝平、胡英泽等"中心"的朋友。他们结合新学术潮流和田野资料写成的论文既有理论探索的锐气，也充满来自田野的新鲜气息，引起不少与会学者的关注。他们质朴诚恳的做人做事风格也赢得了大家的好感。那次会议安排我评论郝平兄关于洪洞大槐树移民的一篇论文，因我对山西朋友的个人印象很好，便摆脱客套，尽自己所知提供了一些意见。听说这些意见曾得到行龙教授的称许，我自己心里也很高兴。会后我在编辑会议论文集的过程中，又对郝平兄、英泽兄、俊峰兄的论文提了一些修改意见，大家谈学论道，情谊弥笃。

已不记得在什么场合认识马维强兄了。因此前有和他的几位师兄切磋论文的经历，他要我也给他的论文提点意见，我照办了。后来我还应他的要求给他的夫人、刚从"中心"硕士毕业的邓宏琴关于抗战时期山西灾荒问题的学位论文提了一些意见。当时所提意见，大多属于学术规范方面的技术处理，至今已不复记忆，但印象深刻的是，某年夏天邓宏琴在京参加社会史高级研讨班之余，居然冒着酷热远道造访寒舍，和我这个无名之辈交流了多半日。维强兄是一位指导学生极为热心的教师，我在 2016 年 4 月访问"中心"期间蒙他厚爱，馈我以美食，让我和他指导的本科生一一见面叙谈。后来这些同学中的一些人陆续在外校读硕士和博士，他们中的董一熙、任耀星、陈霞也找我看过论文，任耀星更是和我保持着较为密切的往来。

2008 年夏，胡英泽兄把他的博士学位论文《流动的土地：明清以来黄河小北干流区域社会研究》打印本寄给我，嘱我提点意见。我在这方面愧无专门研究，只读了导论，提了两条意见：一是他幼年时期黄河发水引致村里人恐慌这部分虽然写得很生动，但这种朴素而真挚的情感只是论文选题的一个因缘，并不是充分的理由，故而不宜占据篇幅太多，亦不宜过事渲染，应着重在学理根据上多做开掘；二是对区域社会的研究应注意探讨更具普遍意义的论题，从具体案例上升到理论性的分析，多做延伸性的讨论。他接受了我的意见，并说后一条意见也由我的导师王铭铭教授在论文答辩会上提出过。王老师也用的是"延伸性的讨论"一词。我笑着说："这个词本来就是我从王老师那里学来的。"英泽兄还希望我能把整本论文仔细读一遍，给他提一些比较具体的意见。我说一则我对这个问题缺乏专门研究，二则论文主要观点和新意在导论里都做了介绍，我目前缺乏再往下看的欲望了。——这当然不是英泽兄个人写作风格上的问题，主要是学位论文的机械要求所致。我对此一直有不同的看法：如果要求一篇论文在导论中把篇章结构、主要观点和创新点都一一写出来，就好比看一个电视剧，在第一集里就要把大结局都交代给读者，像我这样的普通读者看完导论大概就真的不想再往下看了。认识英泽兄 16 年来，他一直很注意在资料、论证、文字等多方面认真打磨论文，发表了不少高水平的论文。前几年他获得教育部"长江青年学者"称号以后依然保持这种谦虚谨慎、不急不躁的优良学风，我们之间的交往还是像以前那样自然、随意。去年春节期间，他为了一个拟与学生共同研究的课题和我在电话上做了较长时间的讨论。

俊峰兄是我认识最早、交往最多的"中心"学人，这些年来我们讨论过的论文已经记不清楚有多少篇了。俊峰兄的好些论文，我或先睹为快，或在刚发表后就蒙他赐阅。我对水利社会史、区域社会史多数学术前沿的了解就来自俊峰兄的指点。尤其幸运的是，2016 年八九月间，我比较深入地参与了他一篇重要论文的修改过程，亲眼见证了在一个月左右的时间，一篇普通论文如何发生质变，成为精彩论文的全过程。这次切磋，大大加深了我对论文写作的理解。此前我很少保存论文修改过程中的各个版本，但这次的修改印象太深刻了，便把前后五个版本（俊峰兄修改的三个版本和我修改的两个版本）全部保存下来，放在一个文件夹里。每当学业上有困惑的时候，我就打开这些文件重温一下，从中获得再出发的启示和动力。那年8月25日，俊峰兄来电话闲谈，顺便说起刚刚给《近代史研究》投了一篇《近代晋陕蒙地区的水权交易问题》，对清代至民国年间晋陕蒙三地把水作为一种资源加以交易的历史过程加以梳理。我起初祝贺他终于"跨出了娘子关"，可以写华北区域社会的综合性论文了。后来听他详细介绍后隐约感到作为一篇学术论文，似有重点不够突出之嫌，便让他把论文发给我看看。收到论文后我浏览了一遍，马上给俊峰兄打电话，因我们的关系很熟，用不着客套，我直接告诉他："这篇论文恐怕要做一点大的调整，否则很可能通不过初审，要被毙稿。"我的主要理由是他2014年在《近代史研究》发表过一篇讨论山西水权交易的论文，而新写的文章第一部分以"旧事重提"的方式把上一篇论文的主要发现重述了一遍，长达3850字，这样大篇幅的重复恐怕是不能被接受的。在讨论中，他说自己最主要的贡献就是对新发现的45件内蒙古土默特地区水权交易契约文书的解读，山西的水权交易此前自己研究过，陕西的情况则有其他同行研究过，他想结合这三方面的情况写一篇综合性的论文。作为读者，我觉得这样写不是不可以，但不容易凸显由新资料提出的新问题和新旧资料对比形成的新见解。我希望他聚焦在对新发现的45件内蒙古土默特地区水权交易契约文书的解读，附带对内蒙古案例与晋陕相关情况的关系做一些比较和解释，这样既扩大了研究范围，又能和既有的研究形成对话，必将有助于深化对华北水利社会史的整体理解。另外，我对这篇论文的摘要、关键词、导论中浮泛之词过多提了一些修订意见。俊峰兄从善如流，接受了我的建议。经过两个多星期的酝酿，9月18日，俊峰兄发来修改稿，邮件中说："拙文已修改了一稿，增加了日本学界有关蒙地的研究学术史。将论文摘要重新写了一遍，应该能够比较好地反映全文主旨。"随后，我先后对俊峰兄的修改稿逐字逐句加以推敲，改了两稿，我最主要的意见是把关于内蒙古水权交易的部分由原来的一部分分割为两部分，分别为"地水结合：附着在土地交易中的水权""地水分离：脱离开土地单独交易的水权"，这样，论述的层次感更清晰了。其他小的修改，如段落的调整、字句的修订也不少。最后我希望在与晋陕比较的部分之后再增加一部分，对以水为中心来理解中国传统乡土社会发表一点意见。我知道这是一个很高的要求，如果一时写不出来也没有关系，这篇论文没有这一部分仍然是一篇具有较高水平的论文。俊峰兄在水利社会史领域耕耘多年，积累相当深厚，我对他能写完这部分不敢说有绝对的把握，但朦胧中总抱有这样一种期待。我把这个意思和俊峰兄说了，他答应考虑考虑。提升思考层次要经历许多脑筋上的煎熬，俊峰在随后的两天里心情游移不定，时而想写，时而又想放弃。9月20日，我忽然收到他再次发来的修改稿，邮件中说："今天又改了一天，觉得还是不要偷懒，应该好好改。好文章都是改出来的。昨天一天一字未写，今日思如泉涌，又系统反思了一下自己以前的研究和目前最想讲清楚的问题。"我看了这版修改稿，不由得击节赞叹，我期待的理论提升完成得非常完美，于是马上打电话给俊峰兄，告他我的感受："我对你的修改稿只有三字评价：好、好、好。"随后我协助俊峰兄逐字推敲，争取做到文字精确、简练。9月28日，俊峰兄发来他的三改稿，邮件中说："根据你提出的意见和建议，一一做了修订和校对，力争做到文通句顺，现将三改稿发去，请兄过目。"我看了，果然很好，随即就请他再次正式投稿。据说这篇论文在《近代史研究》的评审和编辑过程都非常顺利，正式发表稿只是在俊峰兄的改定稿基础上做了极个别的一些改动。2017年5月，俊峰兄的这篇大作以《清至民国内蒙古土默特地区的水权交易——兼与晋陕比较》为题发表于《近代史研究》第3期。我相信，这篇论文会是俊峰兄感到满意的几篇大文章之一，他对论文的修改和提升过程应该也会留下深刻的印象吧。

曾经有数年之久，常利兵兄也和我经常切磋论文，只可惜当时讨论的记录没有保存下来，不能一一叙述了。

我常和朋友们说，普通论文和精彩论文之间的差距，好比普通工匠做的水杯和工艺美术大师做的水杯，从实用的角度来说都差不多，都能用来喝水，但两者包含的精神劳动是差别很大的，因而其价值往往有千百倍的差别。作为一个研究机构，无论搜集了多少资料，也无论申报了多少课题，拿了多少经费，如果没有一些精益求精的高水平论文，在学术界是不会有一席之地的。正是有了"中心"诸多学人精心打磨，不断出产高水平论文，才使得"中心"在社会史领域不断取得话语权。

行龙教授主持"中心"工作二十余年，一向非常重视对外学术交流，他主张只有广交天下朋友，才能打开思维的视野，提高论文写作的能力。我主要研究中国社会学史和社会思想史，于区域社会史基本属于门外汉，因缘凑巧，居然有机会滥竽天下朋友之列。事实上，我在和"中心"学人论文切磋的过程中，获益良多。"奇文共欣赏，疑义相与析"，"中心"学人的篇篇奇文，带给我的是这些领域的前沿进展，讨论切磋对我的思路更是开阔不少。我所能贡献给各位朋友的，大概一是旁学杂收带来的较为宽阔的视野，二是我从事编辑工作多年养成的看文章的能力。俊峰兄曾称我为其大作的"有思想的读者"，"有思想"三字恐怕还是太高看了我，但我希望这是我未来努力的方向。

初心不改　笃行致远

——山西大学中国社会史研究中心成立三十周年有感

韩晓莉 [1]

收到山西大学中国社会史研究中心发来的邀请函，才意识到中心已近而立之年，真有三十年倏忽而过之感。我虽已离开多年，但作为中心发展的参与者和见证者，同时也是中心培养出来的学人，内心一直认为自己还是中心的一员，经常为中心取得的成就而激动。回顾过往，感慨良多。

1995 年，在我进入山西大学历史系学习不久，就有高年级的同学介绍，系里的乔志强先生是从事社会史研究的学界大家。当时的我对什么是社会史一无所知，只期待能在大学期间上一门乔先生的课，感受一下大师风采。对乔先生和社会史有更多了解是在 2000 年成为行老师的研究生后。彼时，乔先生已因病逝去。作为乔先生的弟子，行老师在给我们上课和讨论时经常会提及先生的治学和为师之道，这让我逐渐有了乔先生再传弟子的自觉，找来了先生的著作和论文仔细研读。也是在那个时候，我知道了由乔先生创办，行老师承继的中国社会史研究中心。当时，中国社会史研究中心和华北文化研究中心共同占据图书馆最高一层，这是图书馆最安静的阅览室，也是学校最佳的登高望远之处。因着行老师学生的身份，我们几位同门"堂而皇之"

---

① 韩晓莉，首都师范大学历史学院教授。

地进驻了这一高地，读书、研讨、写论文，大家在这个不大的空间消磨了大量的课余时间，度过了痛并快乐着的治学入门阶段，也由此培养出了对中心浓浓的归属感。

从初入师门至今，转眼已二十余年，当年围聚在阅览室桌前读书讨论的师兄弟们早已是教授、博导，在不同的研究领域成果斐然，中心第三代学人在学术上的强劲之势可谓有目共睹。虽各有专长，但作为受中心滋养，与中心共同成长起来的一代人，大家在治学路上始终坚守共同的初心，并躬身力行，这就是"走向田野与社会"。2002年，行老师主编的文集《近代山西社会研究：走向田野与社会》出版，从此，"走向田野与社会"成为中心明确的研究取向和学术追求。时至今日，"走向田野与社会"已是中心最具影响力的口号和旗帜，引发了众多学界同人的积极回应。回顾过往，这一学术理路的形成和深化并非一蹴而就，而是凝聚了从乔先生，到行老师，及至吾辈学人对社会史持续不断的理论思考和实践积累，并终成今日中心的最大特色和最可宝贵的学术传统。

虽无缘亲耳聆听乔先生关于社会史的研究心得，但先生在为《中国近代社会史》撰写的导论中，已为后来者指明了深化研究的诸种路径。在先生看来，"历史调查可以说是社会史的主要研究方法"，调查不仅能够得到传统文献资料，也可收获包括文物、访谈等多层面展现社会样貌的新资料。事实上，历史研究者对调查方法并不陌生，自古不乏史家以调查资料补官书的不足，不过，和奔波山野相比，多数治史者还是倾向于从故纸堆中探寻历史的脉络。正因如此，当乔先生将调查列入社会史主要研究方法时，这一方法尚少前人经验可供借鉴，刚进入研究生阶段的我在读到这一段文字时也并没有太多触动。所幸，行老师是一位深具学术前瞻性并断而敢行的学者，同时也是一位对学生要求极严格的导师，他不仅带着我们到晋祠读碑，到平遥考察，还明确提出研究生论文的选题必须立足山西本土，必须要有田野调查资料。在行老师的鞭策和学位论文的压力下，我们从博士到硕士一众同门或彼此合作，或单打独斗，摸索着开始了各自的田野调查之路。其中的艰辛自不待言，不过渐渐也体会到了收获的喜悦。交流调查经验、展现调查所得、分享调查线索成为我们在中心讨论的新内容。现今想来，这真是一段值得怀念和珍藏的岁月，也是助推我们快速成长的难忘经历。

2004 年 9 月，行老师以"走向田野与社会"为题，在山西大学报告厅为本科生做了一场专题讲座。在这次讲座上，行老师结合中心多年来开展的工作，从理论和实践层面解释了社会史家眼中的"田野"和"社会"，表达了中心学人对"走向田野与社会"研究理念的继承和坚持。当时我也身处现场，听着行老师旁征博引、分条析理的阐述，内心非常激动，顿觉奔波田野的辛苦都不值一提，也坚定了"把文章写在三晋大地上"的信念。

正是在 2004 年前后，中心学人在田野考察时偶然发现了积压在村中旧屋、落满灰尘的集体化时期农村档案资料，行老师以敏锐的学术眼光意识到这是一批极有价值又亟待抢救的宝贵史料。于是，我们一众人等在各自开展调查的同时，又全部参与到这项收集农村档案资料的集体事业中。大家努力发掘在乡村的人脉资源，拉网式地在三晋大地上"寻宝"，每有所获，群情振奋。发现资料线索往往只是工作的第一步。紧接着，需要向村干部耐心解释我们收集资料的目的，保证资料会得到妥善保存，征得村里同意，将资料装袋封箱运回中心。再然后，就是全体师生分组合作，对资料做只字片纸不放过的整理编目工作。大家戴着口罩、手套，在飞扬着灰尘的教室小心翻阅资料的情景，至今仍历历在目。

辛苦付出，终有回报。到 2012 年，中心已收集整理了近 200 个村庄的基层档案，数量在数千万字以上，成为国内保存农村档案资料最多的高校研究机构。也正是因为这些田野调查所得，中心开创了"集体化时代的中国农村社会研究"这个新领域。那些年，中心的很多师生都有以此为选题的研究成果问世，引发了学界普遍关注。可以说，田野资料给了中心学人创作的灵感,而中心学人也让这些尘封已久的资料展现出应有的价值,曾被淹没在历史洪流中的基层农村和农民生活因此进入越来越多史家的视野。2012 年,我因个人原因离开中心到首都师范大学历史学院工作,研究重心也从乡村转向了城市,深入田野的次数减少很多,但还是努力以在中心所学走进城市这个"社会"。离开的日子,我始终关注中心的动态,知道行老师带领大家走向田野与社会的脚步愈加坚定,不断有青年才俊加入研究队伍,鉴知楼的资料仍在持续增加,《田野·社会丛书》相继出版,中心主办的《社会史研究》辑刊受到学界广泛好评……

回望过去,只为看清前路。中国社会史研究中心走过了三十年岁月,从图书馆一间阅览室到富藏几千万份资料的鉴知楼,从两三位兼职研究人员到群才毕集、实力雄厚的研究团队,从地方院校的一所科研机构到全国社会史研究的一方重镇,中心的成就令人瞩目。这是三代学人立足本土,坚持"走向田野与社会"的学术理路,奋楫笃行的结果,也将是吾辈继续奋斗的方向和动力所在。相信在行老师的带领和中心学人的共同努力下,中心的明天会更好。我身虽远,但心相近,谨以此文纪念和大家并肩而行的岁月,并贺中心成立三十周年。

我与中国社会史研究中心二三事

刘卫东 [1]

　　日前,山西大学中国社会史研究中心的张俊峰老师给我打来电话,说今年是中心成立三十周年,正在筹备纪念活动,约我写一篇纪念的文章。近几年,我与中心的几位教授、老师们颇有来往,个人受益匪浅,所以答应张老师将努力完成这个作业。

　　十几年前,我在网上就知道了山西大学中国社会史研究中心这个机构。那时,我主要是关注收集高祖父刘大鹏的各种资料,利用电脑在网络上阅读、下载一些专家学者的论文,以弥补我手头资料的不足,开阔自己的视野。在搜索到行龙先生撰写的《怀才不遇:内地乡绅刘大鹏的生活轨迹》一文的同时,还搜到了《"集体化时代农村基层档案"述略》这篇文章。读了这篇文章,我第一次知道了山西大学中国社会史研究中心,而且了解到他们通过走向田野与社会,深入乡村、深入接触底层,收集、抢救、整理档案资料、实物、图像,走访历史的见证者,从那些堆满尘土、虫吃鼠咬的旧纸张里,寻找历史的蛛丝马迹,恢复历史的本来面目,探求农村社会的发展方向与历史轨迹。他们的足迹遍布三晋大地,涉及数百个乡村、工厂、学校、林场等集体化时代的单位,收集了不少档案资料,也吃进了不少尘土。当我在文中看到涉及的单位有我所熟悉的小店供销社时,心里猛地碰撞了一下,我

---

① 刘卫东,山西晋祠文化研究会会员。

知道小店供销社因为市政建设的需要拆迁了，而他们的档案资料能够被山西大学中国社会史研究中心整理后收藏，比起卖给收购站送到造纸厂打成纸浆可是强多了。毕竟我们供销合作社系统曾经是共和国在农村领域的重要流通环节，在集体化时代是发挥过重大作用的，供销合作社的发展历史也是值得大力研究的。从那时起，山西大学中国社会史研究中心这个名称已经在我的内心扎了根。

我的家乡是太原市晋源区晋祠镇赤桥村，有着两千多年的历史，从春秋时代豫让刺赵、三家分晋的故事流传到如今，清末民国时期，又有我的高祖父刘大鹏著书立说、急公好义、为民请命的事迹受到民众的尊崇，赤桥有着丰富的历史遗存，是一个历史沉淀非常深厚的村庄。2002 年，《太原日报》上刊登了一则消息，赤桥村成为欧盟组织"中国农村可持续发展前景"研究项目（SUCCSESS）在中国选定的七个案例村之一，引起了很大的轰动。许多的专家学者、外国人士多次出入赤桥村，四处考察、调阅资料，与民众访谈，很是热闹了一阵子。而这个事情的背后，始终离不开山西大学的推动与参与，参与的主要人员就有山西大学副校长行龙先生及其座下的各位弟子。

此后的几年里，我的老邻居梁计元从工作岗位退下来以后，钟情于地方历史文化的研究，我俩因为有研究、收集有关刘大鹏历史资料的共同兴趣，交流很多。他给我讲山西大学与赤桥村多年来的关系，说山西大学中国社会史研究中心基本上把赤桥村作为了一个研学的基地，以行龙副校长为首的一帮学者与赤桥村建立了很好的关系。赤桥村编撰出版《古村赤桥》一书，该中心给了很多的支持与帮助。而且，赤桥村集体化时代的档案资料也由山西大学中国社会史研究中心收集保存起来了。村里每年都要接待山西大学的学生们来实地研学，还曾经邀请他和郭华去学校给学生们讲过赤桥的历史文化。他还送给我一本 2007 年出版的行龙先生的《走向田野与社会》，我挑着感兴趣的内容很快看完了这本书。

看完了这本书，我才知道行龙先生是《退想斋日记》一书的标注者乔志强先生的弟子。20 世纪 80 年代初，行龙先生参与了对山西省图书馆所藏《退想斋日记》原稿的抄写，先后历时三年，抄写了 100 多万字的资料，才最终有了乔志强先生选编《退想斋日记》（共 48 万字）的出版，给更多的研究者们提供了第一手资料。现在我们在网上能搜索到的相关论文基本上都是以这本书为参考的。乔志强先生是国内着手系统研究刘大鹏的第一位学者，他依据《潜园琐记》写成了《义和团在山西运动史料》等论文，并且于 1992 年创立了山西大学中国社会史研究中心。行龙先生继承了乔志强先生的衣钵，使中心的工作日益发扬光大，逐步成为在国内很有影响的研究机构。行龙先生对于刘大鹏的研究也是非常深入，他写的《晋水流域 36 村水利祭祀系统个案研究》《怀才不遇：内地乡绅刘大鹏的生活轨迹》等论文都是从对刘大鹏遗著的研究中得来的。

由此，我对山西大学中国社会史研究中心的兴趣愈发浓厚，对于行龙先生也是愈发地仰慕，心里想着有朝一日能够与先生相识，希望能找到高祖父刘大鹏更多的历史资料。同时，自己也加大了对相关资料的收集，几年中收集到了《晋水志》1—4 册和《太原县现状一瞥》的影印本，还利用双休日的时间，去山西省图书馆查阅、拍摄了《退想斋日记》的全部微缩胶片，并开始阅读、摘抄，结合平时了解到的家族情况，也试着动手写一些小文章，想把历史资料记录保留下来。

之后的 2015 年，赤桥村举办了纪念刘大鹏 158 周年诞辰的活动，当时担任山西大学副校长的行龙先生带着学生参加了活动并为故居揭匾。那时的我还不认识行龙先生，只是在故居院子里隔着人群见识了一下行龙先生的真容。

2016 年 8 月，我单位因整理经营环境，大量地清理库存物资，其中就牵涉到一大批 20 世纪六七十年代的账册、记账凭证、各种报表、单据等，数量还不少。因为 20 世纪六七十年代是供销合作社在计划经济年代业务量最大的时期，而且管理环节也多，手续烦琐，一个月的记账凭证就有厚厚的十几二十本，二十多年的积累相当可观。经过我们财务部门的检查和挑选后，库房里堆了满满一地，一辆卡车也不一定能拉走。本来，这些东西找个收破烂的人来，估个分量，收了钱后让他清理干净就行，但我看着老前辈们留下来的这些资料，怎么也不舍得送到造纸厂打了纸浆，觉得这是对过去历史的记录，一旦毁了就再也找不回来了。想把它保存下来，单位的条件已经是不允许了，怎么才能有个妥善的办法呢？

于是，我想到了山西大学中国社会史研究中心，也许他们会对这些东西感兴趣的。我给赤桥村的梁计元打电话，跟他说了我的情况和想法，他满口答应给我和山西大学的人联系。没过几天，我就接到了中心胡英泽老师的电话，与我约定了办理的时间。过了两天，胡英泽、常利兵二位老师带领几个学生就到了我单位，简单认识了一下就进入了库房开始整理。这些档案存放多年，不仅尘土厚，而且虫吃鼠咬，污渍斑斑，粘了老鼠屎和虫卵。但他们毫不在意，只顾着抓紧时间往袋子里装东西，胡老师看到一些东西还会问一下来历与用途。一直干到十一点多，装满了一辆工具车，东西还没收拾完，约定改天再来。第二次来时，胡英泽老师还给我带来了中心出版的几本书，有新版的《走向田野与社会》，还有《风华正茂》《以水为中心的晋水流域》《中国社会史研究的理论与方法》《山西水利社会史》《社会史研究》等。这一次来基本上将剩余的档案都打包带走了，胡老师告诉我，这些东西虽然由中心带回去整理保管，但并不是占有，我们如果有需要时，随时都可以去中心查阅，并出具了山西大学中国社会史研究中心的相关文书。这么一来，我的想法与担心同时得到了解决，感觉自己办了一件很有意义的事情。

之后的一段时间，我利用空闲时间开始阅读胡英泽老师给我带来的书籍。我自身的知识有限，对于书里面很多理论性的文章看不懂，也不愿意认真下功夫去探求深奥的东西，但书里介绍社会史研究中心的文章和行龙先生的几篇有关集体化时代历史以及刘大鹏研究的文章我都看了。对于中心的情况有了更多的了解，以行龙先生为首的这一批学者们已经形成了一个成熟的研究团体，在他们的努力下，山西大学中国社会史研究中心已经成为山西大学的一块金字招牌，他们的中国社会史研究不仅在山西范围，就是在全国也已经占据了举足轻重的地位，三分天下有其一。行龙、郝平、张俊峰、胡英泽、李嘎、韩晓莉、马维强、常利兵等八人被学术界称为"太行八骏"，不仅说明了中心的人才济济，而且是传承有序。因此，我对于山西大学中国社会史研究中心以及行龙先生为首的研究团队的兴趣愈发浓厚起来，期待能有见面的机会……

　　一直到了 2020 年 12 月 12 日，梁计元给我打电话，说行龙先生带着学生明天要到赤桥村来，要我到时候也回村里见面。13 号是个星期天，我上午九点半到了村委会办公室时，行龙先生、曾伟老师等人都已经到了，他们带着本科的学生来赤桥实地研学（赤桥村已是山大中国社会史研究中心的研学基地，并挂了"山西大学中国社会史研究中心晋水流域田野工作坊"的牌子，每年都带学生来）。梁计元介绍我与行龙先生认识后，行先生邀我、梁计元、郭华、温洁等与学生们在会议室见面，我对高祖父刘大鹏的一些事迹做了简单的讲解。活动结束安排学生回校后，我们回到村委会办公室继续交谈，围绕高祖父刘大鹏的研究，行先生给我提了一些问题和他的想法，我也就我所掌握的情况做了回答和理解。谈到快十二点，村党支部书记梁金柱（梁计元儿子）招待我们几个人吃饭，饭后又返回梁的家里继续谈。行先生曾是山大的副校长，厅级干部，又是博士生导师，国家级专家，但他丝毫没有高高在上的感觉，和我们抽烟、喝酒、喝茶，谈笑风生，而对于具体的问题又能高屋建瓴地提出观点，我感觉他是个很好接近的长者。谈话结束后，我们留了电话，加了微信，约定下次再见，行先生赠送我一本他刚出版的《山大往事》，还说要请我去中心给学生讲课。

　　过了春节的 3 月 5 日，行先生给我打来电话，正式通知我，要我和梁计元准备好去中心给学生讲一堂课。我想推辞，行先生说不要怕，放开讲，有什么讲什么就行，我才硬着头皮答应了。张俊峰老师又几次通话做了具体的沟通和安排，确定了最后的讲座日期。

到了 3 月 11 日的下午两点，我与梁计元乘车到了山西大学，在中国社会史研究中心所在的鉴知楼与行龙先生等各位学者见了面，参观了行先生的办公室以及中心陈列的集体化时代农村综合展览，看到行先生打印的《退想斋日记》全部图片复印件和展览馆里丰富的藏品，真令人叹为观止。

下午三点多，讲座开始，行先生亲自主持，做了介绍，还给我们颁发了客座研究员的聘书。讲座主题为"赤桥人讲赤桥的故事"，听讲的有中心的各位教授、老师及在读的研究生共 30 余人。我与梁计元分别讲了刘大鹏的家庭情况和社会活动情况，讲了两个小时。讲课结束后，行先生等又留我们吃饭，已经担任学校人事处处长的胡英泽老师还赶过来与我俩见面。整个过程安排得热情周到，之后还收到了按照中心规定发放的讲课费。

说实话，就我俩的学识水平与讲课内容来讲，未必能给学生们的学业带来大的帮助。在这个讲台上讲课的高手如云，有国内知名的一流学者，如戴逸、茅海建、葛剑雄等，就是中心内部的老师们大多也是教授级的，至少也是博士生的学历，我这个中专生与他们的距离太大了，而他们还谦逊地称我为老师，令我十分惶恐。行先生等人以开放的胸怀，把我们也请来给学生讲课，体现了整个中国社会史研究中心在学术研究方面秉持着海纳百川、包容开放、兼收并蓄的精神，中心能取得当下的成就绝非偶然，实至名归。

过了一个月，行先生又约我与梁计元一起去太谷县探寻高祖父刘大鹏当年教学、经商的地方。4 月 11 日早上，行先生与中心的张俊峰、李嘎、曾伟三位老师来接上我俩一起去太谷。先到了里美庄，与当地学者王庆华先生见面交流，在王先生的引导下，找到了当年万义和木器店（刘大鹏父亲刘明于 1884 年开办）的遗迹，还参观了村里遗存的五楼院等古建，了解了里美庄当年的繁华盛况。随后我们驱车到阳邑镇，但万义生木器店（万义和木器店搬迁到阳邑后的新店）的遗迹已不可寻，在阳邑镇吃了午饭，顺便观看了我国农业政策专家杜润生先生故居的外景，下午到了刘大鹏曾经执教十三年的南席村。

到了村里，行先生就带着我们向村民们打听武氏家族的遗迹，以及刘大鹏在南席村的情况。我们看了据说是武佑卿（当年刘大鹏执教时的东家）家的宅院的遗存部分，还有私塾的房屋，在这些旧房子里认真观看，爬坡过坎，行先生的精神比我们这些年轻人还要好。为了找到一位对当年的事情有了解的人，行先生带我们穿街过巷，见人就问，给人香烟套近乎，把包里带来的几盒烟全送光了。几经反复，我们才在村人的介绍下找到了曾参与复建武氏宗祠、修订《武氏族谱》的武俊英老先生，带领我们参观了武氏宗祠，看了里面保存的碑刻，重修的族谱，给我们讲解了武氏家族当年经商的盛况和几位杰出的人物，也讲了他知道的关于刘大鹏的一些传说。行先生想购买《武氏族谱》，因保管人员不在，我们几个人就在村委会大楼前的台阶上坐着等了一个多小时。等到人回来，行先生个人出钱买了三本，还送给我一本。我们这才结束行程回了家。

通过这次与行先生等各位老师的太谷之行，我才真正地体会了行先生提出的走向田野与社会的研究方法，不辞劳苦，不怕付出，反复论证，去寻找历史的本来面目。四十余年身体力行，厚积薄发，能有今天的成就是必然的。我们平时满足于写几篇小文章，满足于现有的资料，照抄照搬，不认真对比论证，不敢质疑，妄下结论，欠缺的太多了。

2021年的春节晚会，天龙山佛首回归的事在全国引起轰动。清明节假期时，我一时兴起，整理手头的资料，写成一篇《刘大鹏参与处置天龙山佛首盗卖案始末》发到了"微晋源"公众号上，又转发到朋友圈里，算是蹭了一把网红流量。行先生在朋友圈看到我的这篇小文后，给我打来电话，说写得还不错，他计划推荐给吉林社科院的一个期刊，看能否发表。同时，行先生要我做进一步的修改，补充一些资料，规范一下格式，该加的注释都加上。

听了行先生的指点后，我先是到山西省图书馆，查阅有关天龙山佛像的历史资料以及民国时期盗割的情况由来，对照我手头的《退想斋日记》《晋祠志》《晋祠杂谈》等书籍，对文章进行修改补充，扩充了一部分文字内容和图片，原来的一些模糊的说法尽量使其明确，该加注释的地方也做了注释，并标明出处，发给了行先生请他再提意见。行先生又亲自给我做了修改后，推荐到了吉林省社科院主办的《地域文化研究》编辑部，最终与行先生撰写的《刘大鹏与晋祠》一文一起发表在《地域文化研究》2021 年第 5 期上。这也是我一生中的第一次，把自己写的文字刊登到了正式出版物上。我心里明白，自己的这篇文章学术性并不强，如果没有行先生的大力推荐，要想在这种学术性的期刊上发表是不可能的。行先生能以博大的胸怀，不计名利，大力提携后进，延伸到了我的身上。可想而知，那些正式的学生们在先生的关怀下，必然是学业日进、成果丰硕，而中国社会史研究中心在这三十年中开枝散叶、繁华茂盛，逐渐长成了参天大树，在国内占据了重要的地位。

我是一个学术研究的门外汉，这些年与行先生主持下的中国社会史研究中心发生了一些来往，学习了很多东西，从他们身上看到了一个真正的学者应该秉持的胸怀与精神。在当下物欲横流、大师遍地的情况下，他们能够拒绝外界的诱惑，"板凳坐得十年冷，文章不写半字空"，坚持一个方法——走向田野与社会；坚持一个方向——社会史研究，取得了丰硕的成果。像郝平、张俊峰、胡英泽等几位老师已经在山西大学担任了重要的行政职务，但他们也没有放下自己的专业，继续从事教学与研究。而立之年的研究中心，正是年富力强、人才济济、春华秋实的时期，从乔志强先生起，如今已发展到第四代了，而且将来还会有第五代、第六代，把这个事业继续传承下去，发扬光大。

衷心地祝愿，山西大学中国社会史研究中心行稳致远、砥砺奋斗，打造成山西大学的百年老店。

庆祝山西大学中国社会史研究中心成立
三十周年的些许回忆

倪志宏（Matthew Noellert）[①]

三十年间，通过师生多年的汗水浇灌，中心不仅成为中国的社会史研究要地之一，还随同中国的复兴，为了世界和人类历史做出重大贡献。此贡献的核心就在于保管和研究以近代到集体化时代中国基层人民的经验为主体的史料。这种系统地记载老百姓的史料，可以毫不夸张地说是世界历史上前所未有的，是老百姓登上历史舞台的首次机会。最早认识到这一重要价值，并且为了保存史料付出最多力量的就是中心历年的全体师生。

2014—2016 年我在中心期间还注意到另一个很值得赞赏的特点。中心不仅一贯坚持走向田野与社会、自下而上的研究方法，同时还从山西各地选贤举能，自下而上地培养出许多优秀人才。这样理论与实践结合、言行一致的研究机构，真是不可多得。

在中心的两个春秋过得十分丰富。从大同到长治和曲沃，从昔阳到柳林，我也走向了山西社会。虽是外国人，中心师生却对目不识丁的我亲如一家，令我总有宾至如归的感觉。山西各地的美酒佳肴也令我记忆犹新。学习上、生活上大家对我的恩义是终生难忘的。

2014 年到中心读博士后时，我也正好三十岁。我博士毕业后第

---

① 倪志宏（Matthew Noellert），日本一桥大学经济学研究科副教授。

一个办公室就在鉴知楼，每天早上经过杨柳青青的小径走到鉴知楼，就觉得很荣幸能够为了中心的大业尽自己的绵薄之力。读完博士后至今，我带着中心的精神到美国、日本依次任教，骄傲地介绍中心的成就。中心资料库前面挂着一张老木头门牌，上面写着"德垂后裔"四个字，我当时每天到办公室都会看到。相信中心的传统一定会如此代代相传，我也希望能够作为其继承人之一。虽然我在中心的岁月一眨眼便过去了，但还是记着"一日为师，终身为父"的道理。

回望起点　践守初心

——写在中心成立三十周年之际

郝　平[①]

　　尽管大学毕业就已留校任教，但我与中心真正的结缘则是从 1997 年开始的。当年 9 月，我开始跟随乔志强先生攻读硕士学位，彼时的中心还是一个虚体科研机构，既无办公场所，也无专职教师，但有乔先生坐镇，中心就是一座无形的高峰。在跟随乔先生求学的一年时间里，他在学业、工作、生活方面都给予我极大的关怀和帮助。1998 年 11 月，乔先生突然病故，我便跟随行龙老师继续攻读硕士学位。当时行龙老师刚从中国人民大学博士毕业，他在担任研究生处副处长的同时，也扛起中心发展的重任，谋划中心的未来发展方向。在繁忙的教学与行政工作之余，行龙老师和我多次商讨选题方向，商定了"灾害历史"的研究方向，随后硕士、博士论文的选题、资料收集、写作修改以及最终定稿都得到了他的精心指导。

　　2000 年后，中心开始借助旧图书馆十层和"华北文化研究中心"一起办公，总算有了一个固定办公地点，学生们也有了一个稳定的学习场所。硕士毕业后，我虽到外国语学院担任副院长，但是一直渴望能够继续求学深造。2003 年，我顺利考上博士，继续跟随行龙老师攻读博士学位。这时的中心经过行老师的擘画，已经逐渐走向正轨。

---

① 郝平，山西大学中国社会史研究中心教授。

2004 年,中心被评为山西省高等学校人文社科重点研究基地。2007 年,中心成为山西大学校一级研究单位,自此也有了专职教师。经过几年的发展,中心逐渐走出了一条以山西为中心的区域社会史特色研究之路,同时注重与国内外学界的交流,并且制定出每年至少举办一次学术会议的规划,还为中心的师生营造出了一个较为便捷、舒适的科研环境。正是在中心浓郁的学术氛围之下,我历时四年完成了博士学位论文《光绪初年山西灾荒与救济研究》,该论文最终还获得山西省优秀博士毕业论文。

博士毕业前夕,我开始担任中心的执行主任,协助行龙老师管理中心工作。2008 年,中心由旧图书馆十层搬迁至现今的鉴知楼,从此有了自己独立的办公与研究场所。至此,中心的实体化进程才算真正告一段落。在任职的几年时间里,我继续秉持乔志强先生和行龙老师的治史理念,主要从以下几方面工作大力推动中心的发展:

一是注重史料的搜集与整理。在行龙老师"走向田野与社会"理念的倡导下,每年寒暑假以及课余时间,我都组织中心的师生在全省范围内广泛深入乡村搜集集体化时期的档案资料和各种实物史料,截至 2012 年,已累计搜集近二百个村庄的数千万件资料,并将这些资料进行了分类整理,以便于进一步查阅和展开研究。在此基础上,我还组织建立了"集体化时代农村社会综合展馆",2012 年,该展馆被中共山西省委办公厅、山西省人民政府办公厅命名为"山西省第三批省级爱国主义教育基地"。

二是加强与国内外的学术交流。继续坚持每年举办高规格的学术会议,如 2008 年举办"中国社会史研究的理论与方法暨纪念乔志强先生八十周年诞辰"国际学术讨论会;2009 年举办第六届中国灾害史国际学术研讨会与"集体化时代的中国农村社会"国际学术研讨会;2010 年举办中国水利社会史国际学术研讨会;2011 年举办第二届山西区域社会史学术讨论会等学术会议;2012 年举办"改革开放以来的中国社会史研究"国际学术研讨会暨第十四届中国社会史学会年会。此外，2007年底，中心还联合日本几所高校和研究机构对山西四个村庄展开调查。2010年，还与日本学者联合申报日本文部省研究项目"20世纪以来中国华北农村的环境与社会——道备计划"，以此不断提升中心的国际化水平。

三是重视科研人才的培养。那几年中心的研究生发表论文近200篇，80余人次参加各类学术论坛，同时，中心还成功举办了6届研究生鉴知论坛。毕业的硕博士生中，有1人获得全国优秀博士论文提名奖，6人分获山西省优秀硕博士论文奖。这些成绩不仅是中心人才培养取得硕果的真实写照，同时也为中心后来的发展积累了强大的后备力量。这期间，以行龙老师带领我们主讲的本科生课程"区域社会史导论"在2007年被评为"国家级精品课程"。区域史教学团队还在2008年被评为"国家级教学团队"。中心的发展呈现出欣欣向荣的景象，成为社会史研究的学术重镇。

2013年，我从中心调到学院担任院长。虽然不再主持中心的工作，但是我对中心的关注并未因此减少，甚至还将在中心积累的经验运用到学院各方面的工作中来。这其中，一个典型的工作就是在2013年创办了山西大学民间文献整理与研究中心。在我心中，这个民间文献中心可以称之为社会史中心的一个孪生兄弟。之所以这么称呼，是因为这个中心的创办源于我在社会史中心学习、工作过程中的思考和实践，甚至在某种程度上可以说是对社会史中心的继承与发展，我把它归纳为以下几点：

第一，研究时段的上移与研究内容的丰富。社会史中心自21世纪以来将中国近代社会史的研究时段下延，开展了集体化时代的山西农村社会研究。民间文献中心则将研究时段与研究内容上移，积极开展宋元明清山西区域社会研究，将明清社会经济史作为重点研究方向。

第二，民间文献的全方位抢救式搜集。社会史中心的田野调查除立足于师生研究选题的专题调查外，主要开展以集体化时代山西农村社会基层档案搜集为主的田野作业。在实地调查过程中，我们发现乡村社会还留存有大量碑刻、族谱、账册、地契等其他类型的民间文献，而且这些史料随着地方社会的发展，流失速度越来越快，只是当时精力所限，这部分工作一直未能开展起来。因此，民间文献中心成立的一个重要使命就是全方位地抢救散落在山西乡村社会中的各种民间文献，尽可能地去保护这些史料的完整性与系统性。

第三，田野调查方法的深化与拓展。走向田野与社会是社会史中心秉持的学术理念，同时也是民间文献中心坚持的学术研究方法。在文献中心成立之初，我们就将"研究问题与史料源于田野，在田野中解决问题，并将研究成果运用于田野"作为学术研究的一种新突破，最终在这个基础上形成了一套独具特色的田野作业理论与实践体系。近几年，文献中心围绕太行山展开了大规模的田野作业，其中既有诸如传统村落、山西商人以及革命文物等专题调查，亦有以黎城、武乡等县域为主的地毯式普查。通过系列的田野作业，文献中心已经陆续申报获得了教育部哲学社会科学研究重大课题攻关项目、国家社科基金重大项目等十数项国家级课题，并在国内高水平期刊上持续发表高质量论文。现今，民间文献中心同社会史中心一起共同推进山西大学的历史研究大步向前迈进。

不知不觉中，社会史中心就要迎来她的三十岁生日了。我于1991年本科毕业留校，中心在第二年正式成立，这样算来我也是亲历中心从初创到发展壮大，直至现今享誉学界的全程亲历者之一。在伴随中心一路成长的同时，我也从一名史学初入门者逐渐成长为一名史学研究者。可以说，是中心造就了我的学术研究之路，甚至影响了我后续开展学术研究的方向。才记得十年前我组织纪念中心成立二十周年活动时的点点滴滴，转眼间便又过了十年。时光荏苒、白驹过隙，在中心即将进入而立之时，祝愿她蓬勃发展、蒸蒸日上！

三十而立守初心　养活一团春意思

胡英泽 [①]

　　时间过得真快，不知不觉，十年又过去了，中心已是三十而立。中心增了十岁，我也长了十岁。回顾三十年的历史，这十年中心的发展实在不易，中心的坚守难能可贵。在我看来，有组织的科研、学术制度建设、研究条件改善最为重要。

　　有组织的科研或许是中心的学术传统，这种有计划、有组织的学术传统常常以集体的形式实现。1992 年，乔志强先生主编《中国近代社会史》，即由乔先生与众弟子集体完成。2008 年 10 月，为纪念乔志强先生八十周年诞辰，中心在西山召开学术会议，群贤备至，少长咸集，会议盛况历历在目。当时，杨念群教授谈及乔先生的学术贡献与特点时曾指出，大多开创性的著作（教材）是独著性的，《中国近代社会史》具有开创性，但它是以集体式写作呈现的，而且能够流传下来，可谓一种值得注意的学术现象。

　　"沁河风韵"学术工作坊及大型系列丛书的出版是突出的、有组织的科研活动。2014 年，学校为推进学科建设，着手建设"三晋文化传承与保护协同创新中心"，行龙师牵头组织成立"沁河风韵"学术工作坊。2014 年 6 月，"沁河风韵"学术工作坊鸣锣开张，行龙师主讲第一讲。以学术工作坊为纽带，学校内部包括历史学、考古学、文学、

---

① 胡英泽，山西大学中国社会史研究中心副主任、教授。

政治学、教育学、体育学、美术学、生物学等10多个学科的师生汇集一堂,开展跨学科的学术交流和研究。2014年7月29日至8月8日,夏日炎炎,酷暑难耐,"沁河风韵"学术工作坊的师生们前往晋东南沁河流域开展集体调查,是中心"走向田野与社会"的理念延伸到学校其他学科的表现。通过这次多学科、集体式田野调查,大家相互学习、相互交流,搜集文献、走进现场,收获很大。集体考察之后,还有一些分课题组对沁河流域多个田野点进行了考察。2016年11月,《沁河风韵系列丛书》学术研讨会在山西大学会议中心举行,行龙师主编、多学科教师参与写作的《沁河风韵系列丛书》计31册,是集体合作的一项重大成果,得到了学术界以及社会各界的认可。田野考察也好,出版丛书也好,所有经费都由协同创新平台负责。不少参与"沁河风韵"的青年教师出版了具有特色的专著,藉此而晋升职称,这当然是后话了。

《教研相长七书》的出版是另一突出的、有组织的学术研究和教学研究成果。2007年,行龙师主讲,韩晓莉、张俊峰、苏泽龙、胡英泽、常利兵、马维强、郝平依次按序讲授共八讲的《区域社会史导论》被评为国家精品课程。随之而来的是教材建设,2008年行龙师和大家一起讨论教材的整体框架以及各章的主要内容,当然根据每个人的情况,各章节讨论的详略程度有别。成于众手、风格不一,内容颇多重复,形式难免杂乱,根据行龙师的安排,我负责《区域社会史导论》的初审、统稿,对此,行龙师在该书后记里还专门说明。在写作过程中,有存在畏难情绪者、有缺乏积极性者、有思路不清晰者,几经反复、四易其稿,直到2018年,才与其他书目一起出版。另外,在规划《教研相长七书》时,行龙师又嘱我与张俊峰共同主编《区域社会史研究读本》以资参考学习。

2018年9月3日,由中国社会科学出版社和山西大学中国社会史研究中心共同主办的《教研相长七书》出版座谈会在北京举行。这是我第一次去中国社会科学出版社,虞和平、李伯重、李长莉、赵世瑜、杨念群、李金铮教授应邀赴会交流，会上诸位教授对中心几代人的学术传承、有组织的科研、团队建设等都给予了高度评价。李金铮教授的发言令我印象深刻，他说："第一，教研相长成就卓著。所谓教研相长，是教师在教学中进行研究，在研究中进行教学。学生在学习中进行研究，在研究中进行学习。这样形成相互合作的教学和研究成果。这套丛书都是典型的教研相长的结果。比如《中国近代社会史》，这本书是作为中国社会史和中国近代社会史教科书的经典，这是乔志强先生开创的和研究生合作的结果。《区域社会史研究导论》是国家精品课程，是行龙老师和博士生、硕士生共同合作的结果。第二，学有师承、继往开来。从这七书以及其他出版的成果来看，无论是教学还是研究，非常突出师承的脉络，达到一以贯之的高度。每一代继承前辈的同时，更加博采众长。"

有组织的科研、集体式的合作并不排斥个体学术研究的独立性。2012年，北京大学出版社出版了《田野·社会丛书》第一辑，其中包括郝平的《丁戊奇荒：光绪初年山西灾荒与救济研究》、张俊峰的《水利社会的类型：明清以来洪洞水利与乡村社会变迁》、韩晓莉的《被改造的民间戏曲：以20世纪山西秧歌小戏为中心的社会史考察》以及我的《流动的土地：明清以来黄河小北干流区域社会研究》，这次集中亮相得到学界的认可。2018年，中心又出版了《田野·社会丛书》第二辑，包括行龙师的《以水为中心的山西社会》、我的《凿井而饮：明清以来黄土高原的生活用水与节水》、张俊峰的《泉域社会：对明清山西环境史的一种解读》、苏泽龙的《晋祠稻米：农业技术与乡村社会变迁研究》、周亚的《晋南龙祠：黄土高原一个水利社区的结构与变迁》、李麒的《社会变革时期的财产纠纷与诉讼实践：Y市法院1950—1965年民事档案实证研究》、马维强的《双口村：集体化时代的身份、地位与乡村日常生活》。如果说第一辑的主题侧重于人口、资源、环境与社会变迁方向，第二辑的重点则是集体化时代的乡村社会。

有组织的科研、集体式的合作还拓展到学术共同体。《田野·社会丛书》第三辑中,除了常利兵的《西沟:一个晋东南典型乡村的革命、生产及历史记忆(1943—1983)》、李嘎的《旱域水潦:水患语境下山陕黄土高原城市环境史研究(1368—1979)》,还包括与中心长期合作的安介生教授的《表里山河:山西区域历史地理研究》、祁建民教授的《自治与他治:近代华北农村的社会和水利秩序》。相信有组织的科研、集体式的合作在立足中心、围绕山西的基础上,会更加开放和多元。

中心的学术制度建设,我参与其中,体会很深。2013 年 4 月,我开始担任中心副主任,如何做好工作成为我的心头大事。

一是鉴知青年学术工作坊。这是中心的青年教师学术交流的平台,最初由行龙师提议设立,起于 2010 年 4 月,行龙师做了题为"三十而立:社会史研究在中国的实践"的首场学术讲演,到 2013 年 4 月,鉴知青年学术工作坊举办了 15 期。我和大家商议,工作坊要常态化、制度化,于是定于每周三晚举办一次。后来,有段时间大家觉得过于频繁,改为每两周一次。其间,有的老师或要照看小孩、或称病住院,不参加或很少参加工作坊,但该他演讲的时候人得来。无论阴晴风雨,不管人多人少,这样坚持下来,到 2018 年 11 月,工作坊举办到第 100 期,特邀行龙师演讲,以示隆重、以表庆祝、以志纪念。鉴知青年学术工作坊成为中心的青年教师发表新论、相互砥砺的熔炉,也成为培养、教育学生的展台。同时也是校内外青年才俊学术交游、建立深厚情谊的平台。2021 年末,工作坊已举办至 138 期,到目前为止,鉴知青年学术工作坊已是中心的一项学术制度、一个学术传统,是山西大学文科院系及研究机构最有影响的学术品牌之一,受到了广泛关注。

一是鉴知研究生论坛。学生培养,兹事体大。随着中心规模的扩大和研究条件的改善,定期举办研究生的学术性论坛的条件日益成熟。2009 年 5 月 16 日,中心举行了首届研究生鉴知论坛,旨在强化学术氛围,提高研究生的学术水平。马维强最先负责这项工作,接着李嘎负责,再后来是郭永平、韩祥。论坛每学期举办一次,到 2019

年1月，也就是放寒假前，经过十年的坚持，研究生论坛举办了20届，到2022年1月举办了25届。参加的学生仅局限于中心内部，最近两三年逐渐扩展到省内甚至全国高校的研究生。讨论的形式也不仅是老师点评，还鼓励学生相互点评，培养学生的表达能力、批评能力、学术风范等。

一是研究生学位论文预答辩。每年放寒假前，中心都要组织研究生开题及论文预答辩。博士论文预答辩起于2008年，学校有统一要求，当年我正好毕业，在旧图书馆十层参加了预答辩。学校对硕士论文预答辩并没有硬性规定，但从2008年起，中国近现代史专业开始对博士、硕士毕业论文进行预答辩，并且逐步开始送外审，其他专业并未实施，其他学院也较少实施。此后，学位论文的质量日益受到重视，硕士毕业论文必须经过预答辩、送外审通过方可答辩，对于中心而言已是平常事了。在放寒假前的预答辩会上，有些学生的论文问题突出，通不过答辩，学生就要利用寒假时间抓紧修改，开学后再给一次机会，这样严格把关就在制度上保障了学位论文质量。

中心在培养学生方面要求严格。这种严格，在有的学生看来也可称为"苦"。从我们这一茬开始，行龙师带学生强调围绕论文题目搜集资料和田野考察，苦不苦也没觉着，就这样过来了。到了后面的学生，进入中心后要搜集、整理、扫描资料，还要编目、录入，鼓励学生从中发现问题，开展研究。有些学生甚至部分老师对此有看法，认为来中心是学习的不是搜集整理资料的，因此有些情绪。同时，中心在培养过程中对研究生要求严格，又是研究生论坛，又是读书会，又是预答辩，又是值班，这样一来，再叠加上院、所关系的因素，一些研究生对中心就望而却步。但正是有了学术制度的约束，有了学术风气的熏陶，一茬又一茬的学生经过严格培养，或走向工作岗位、或继续攻读博士。离开中心再看中心，他们对中心严格的要求应该体会更深。

中心主办、行龙师任主编的《社会史研究》连续出版，从另一个方面形成中心学术制度的重要一环。刊物最初采取专题形式，由中心老师轮流负责组稿，每期辅以专题性资料刊发。先后由北京大学出版社、商务印书馆、社会科学文献出版社出版。后来，由张俊峰、李嘎专门负责编辑部的工作，刊物每年出版两辑，持续推进。我的一篇论文《引渠用汲：明清黄土高原日常生活用水研究》由日本著名的水利史学者森田明先生翻译成日文，发表在《东洋史访》，当时收到森田明先生寄来的刊物还有些诧异，说明刊物是受到国内外学界关注的。最近，有的论文被人大《复印报刊资料》全文转载，办刊质量日益提升，学术影响逐渐扩大。

中心在现有条件下为老师和学生提供基本的研究条件和学习环境。2014 年前后，学科建设经费还可使用，中心的档案室安装了恒温恒湿设备，更换了档案柜。图书资料室安装了密集书架。师生的工作室、图书室、教室都安装了空调。有段时间，我发现来中心学习的研究生变少了，了解情况后得知，研究生工作室的电脑设备陈旧，也没有无线网络，不如在宿舍学习方便。我随即安排把旧电脑更换为新电脑，并且在中心安装了无线网络设备。中心原来的热水器属于老旧型，不但水质不好，隔三岔五还出现故障，于是中心重新安装了净水器、购买了热水壶，大家喝上了好水。不求师生一天二十四小时来中心学习工作，但求来中心的老师、学生多一些，老师、学生多在中心待一会儿，少在家里、宿舍里待一会儿，那学生就不会荒废学业，老师就不会懈怠事业。

2016 年 11 月，中心邀请侯旭东、吕文浩来学术交流，我先后两次同文浩谈及改善中心研究生学习条件的做法、想法。后来，文浩说我的想法与清华大学罗家伦校长的思想暗合，专门发给我罗家伦的演讲《学术独立与新清华》，其中有这样一段话："我站在这华丽的礼堂里，觉得有点不安；但是我到美丽的图书馆里，并不觉得不安。我只嫌他如此讲究的地方，何以阅书的位置如此之少，所以非积极扩充不可。西文专门的书籍太少，中文书籍尤其少得可怜，这更非积极增加不可。我以为图书馆不厌舒适、不厌便利、不厌书籍丰富，才可以维系读者。我希望图书馆和实验室成为教员学生的家庭。我希望学生不在运动场就在实验室和图书馆，我只希望学生除晚上睡觉外不在宿舍。"文浩的提点是为了鼓励，罗家伦的思想本人难以望其项背，但为中心师生创造相对优良的学习工作条件的确是我真诚的想法。对此，我印象深刻的是硕士研究生李园园毕业论文的后记："三年时光，每天穿梭于中心、食堂、宿舍。虽然有时也会发牢骚，生活咋如此枯燥，但回想起来却是满满的不舍。中心不仅仅是我们学习的场所，更像是我们的家。我时常开玩笑地说：'中心要是有床，我晚上也睡这儿。'在这个家里有浓厚的学术氛围和舒适的学习环境。"

2016年之后，受学校大环境影响，中心经费奇缺，仅维持基本运行。2017年中心门厅一角因雨水浸泡、风吹日晒出现裂缝。2018年八九月份，门厅已经严重破损，快要掉下来，存在安全隐患。我向学校有关部门打了维修请示报告，一年未果。2019年教师节前夕，黄桂田校长和学校职能部门的负责人来中心慰问，询问我有什么困难，我硬着头皮拿出请示报告给黄校长看，黄校长现场办公，督促落实，国庆节开始动工，封冻前竣工，中心门庭焕然一新，外墙贴砖整齐美观。行龙师很高兴，提议举办一个简单的庆祝仪式，门庭是中心的门面，破败不堪我们心忧，光大门庭我们高兴。

中心的发展离不开师友的帮衬和对外学术交流。祁建民教授、邱仲麟教授、安介生教授为人谦和、待人真诚、学养深厚，近年来围绕山西、华北的研究和中心建立了密切的学术联系，结下了深厚的情谊。李中清教授、康文林教授、李伯重教授、倪志宏博士的量化史学团队与中心的合作是一个新的尝试，中心如果要想走向国际，还要做很多工作，还有很长的路要走。

"不忘初心，方得始终；初心易得，始终难守。"在平时的交流中，大家也常常谈及中心的初心是什么，每个人从事学术研究的初心是什么。但有一点能说明问题，就是中心的一些研究室晚上会亮着灯光，节假日会有人，这是希望之光、守望之心。常利兵、李嘎晚上、节假日来中心最多，当然还有我。现在，行龙师沉潜于刘大鹏研究，成了中心最勤奋的人。

行龙师曾以"努力、和谐"四字要求中心各位老师，说白了就是每个人做好自己，不要瞎折腾、乱搅和。中心的学术制度基本确立，学术传统已经形成，这些基本架构，相信不会因人废事，一代一代会传承下去。

十年复十年　行行重行行

——以山西为中心的区域社会史研究反思

张俊峰 [①]

　　十年前的 2012 年，是我在山大工作的第一个十年。十年后的今天，即将迎来我在山大的又一个十年。十年很长又很短，人生不过百年，又有几个十年值得我们仔细回味的呢？时间如白驹过隙，转瞬即逝。逝去的是时间，留下的是永恒的记忆。

　　2012 年，农历壬辰龙年。这一年，既是我的本命年，也是学术生涯一个重要收获年。这一年发生了很多事，如今想来，印象深刻，恍如昨日。这一年，36 岁的我开启了学术生涯的一个新阶段。业师行龙教授策划、资助的《田野·社会丛书》第一辑四部著作由北京大学出版社出版发行，我的第一部学术著作《水利社会的类型：明清以来洪洞水利与乡村社会变迁》问世；也是这一年，我撰写的《明清中国水利社会史研究的理论视野》在《史学理论研究》发表，《新华文摘》封面要目刊登，全文转载，我们倡导的类型学视野下的中国水利社会史研究开始在学界产生反响；还是这一年，我获得了人生第一个国家级的学术荣誉，入选教育部新世纪优秀人才支持计划，为学校、为中心、为个人增添了光彩，也让自己的学术研究开始了一个新征程……

―――――――――――

① 张俊峰，山西大学中国社会史研究中心副主任、教授。

一、实践论视野下的北方宗族史研究

2013 年，37 岁的我晋升教授，开始了在山大当教授的日子，同年获批国家社科基金青年项目《16 世纪以来汾河流域的水利、宗族与乡村社会》。这个项目是此前我已开展多年的水利社会史研究的延伸，将宗族研究引入水利社会史研究当中，开始关注北方区域的宗族问题。之所以如此，是因为在与学界同行尤其是南方学者交流的过程中，发现宗族问题屡屡被提及，可是我们身处的北方，宗族往往不是人们讨论的中心。长期以来，学界对于宗族长期存在着"南强北弱"的印象，即认为北方区域宗族观念淡薄，宗族势力弱小，不具有典型性，不像南方宗族发达地区那样，在基层社会和国家治理中发挥着重要功能和整合作用，非常强调宗族功能性的一面。如何看待北方的宗族，宗族的实质和内涵究竟应当如何理解？南方区域的宗族类型是否就是中国宗族的标准化模型？带着这一串疑问，我开始了对北方宗族问题的探索。事实上，早在 2012 年的 5 月 1 日，在给研究生上课时，我就曾发布过开展北方宗族研究的"五一宣言"，当时的指导思想是认为北方宗族应该有北方的特色，强调南北方宗族发展历史和宗族形态的差异性，不能将南方地区的宗族形态作为唯一标准去衡量北方宗族，学界所谓北方宗族是"残缺型宗族"的提法并不科学，研究者应当从北方区域的历史实践出发，提出符合北方特点的宗族概念。尽管在北方地区也存在部分与南方区域宗族类似的个案，但是更多地方的宗族形态则呈现出非典型性的特点，因为多数研究者印象中的宗族应该是由宗祠、族谱、族产、族长、族规五个要素构成，符合这五个要素的就是标准的宗族，不符合的则被判定为残缺、不典型，被认为是宗族观念淡薄，宗族文化不发达。由此产生了宗族南强北弱的认识。所以，在北方区域社会史研究当中，宗族并非重点；而在福建、广东、安徽、江西、浙江等广大南方区域，宗族则被视为开展区域社会研究的一个重要抓手。此外，华南区域的宗族研究还深受英国人类学家弗里德曼的影响。弗里德曼被称为摇椅上的人类学家，是功能主义的大师。他在 20 世纪五六十年代开展广东、福建宗族的研究，认为宗族是一个控产组织，在广东、福建这一帝国的边陲，宗族在区域社会历史进程中发挥着重要的作用，宗族与该区域水稻种植这一农业生态的相互适应性导致了宗族在该区域得到迅速发展。于是人们便将宗族作为观察华南区域社会的一个关键要素，进而成为整合区域社会的一个核心要素。然而，这仅仅是发生在华南区域的故事。

对于华北区域而言，宗族在地方社会的历史又该如何讲述呢？是什么原因造成了宗族在中国南北方区域发展上的这种空间差异？宗族的本质是不是就是基于南方经验所强调的功能性组织呢？在我看来，功能性或许只是宗族的一个面向，甚至仅仅是宗族机体上延伸出来的一个功能。对于宗族设计者来说，宗族这一概念最初并非是功能性的。做宗族的目的首先是为了"慎终追远，敬宗收族"，是为了解决中国人观念中长期恪守的出了五服不认亲的传统。如何让源于一宗的同姓血缘群体，在"五服—九族"的观念之上还能形成认同，避免"形同路人"的尴尬，于是就产生了宗族的概念，即源于一宗的父系世系群。钱杭教授认为系谱对于维系宗族认同具有关键性意义，正是通过系谱的构建，才将具有同一祖先认同的一群人凝聚在一起，由此形成了宗族。我们在钱杭教授宗族的世系学原理的基础上，将对宗族的认识和理解更进一步，认为系谱尽管对于宗族认同具有重要意义，但是通过实践观察，我们发现比系谱更为重要的应当是由祖先观念产生的拜祖行为，即祖先崇拜。中国是一个人口大国，也是一个移民大国。按照葛剑雄教授的说法，中国人口史本身就是中国移民史，在中国没有哪一个人不是移民的后代，没有哪一个人的祖先不曾有过迁移的历史。正因为如此，所以人们一直希望回答"你从哪里来"的问题，这样就产生了根祖文化和根祖认同。遍布中国各地的移民传说，如"洪洞大槐树""南雄珠玑巷""江西瓦屑坝""苏州阊门街""麻城孝感乡""宁化石壁寨"等移民点，成为千千万万中国人心目中的根，年复一年寻根祭祖的行为从未断绝。这种强烈的祖先崇拜观念和根祖认同，是宗族得以存在的土壤和根本。因此，只要有拜祖行为和祖先观念，就有形成宗族的可能。在适当的条件下，人们通过寻根祭祖、修谱联宗的行为就可能形成宗族。在这种意义上，我认为系谱尽管很重要，但是系谱是可以随时构建的，通过建构系谱并获得群体的认同，就可以形成宗族。因此系谱并非宗族形成的必要条件，充其量只是宗族建构过程中的一个环节而已。这样，我们对宗族的认同，就从功能论发展到系谱论，再从系谱论发展到实践论。所谓实践论，就是我们并不强调宗族的地域差异性，而是强调宗族概念的同一性。当人们将宗族视为一种文化制度和文化符号的时候，宗族在现实社会当中是否要发挥功能就不再重要了。宗族在不同地域会结合不同的地理环境、历史环境、人文环境而呈现出不同的形态，但这只是宗族在特定区域社会的具体表现形式而已，不能用某个区域的特定表现形态作为唯一的标尺去衡量其他地方。打一个比喻就是"月映万川"，天上本就一个月亮，月亮投射在海上、湖上、河沟、水井、泊池、大漠、草原、城市、乡村，与特定的环境相结合，会产生不同的意境，这就是宗族的地域形态，但是从本质上来讲，其实都指向的是天上那个月亮。这就是实践论视角下的宗族概念。在这一概念中，宗族被视为一种文化、制度和符号。进一步来讲，从全人类的角度来看，事实上均存在着宗族观念，在西方被称为世系学，在中国则与儒家文化相结合，表现为源于一宗的父系世系学、五服—九族的规范，这就是中国的宗族概念，即"Chinese lineage"。

　　用实践论去指导我们的宗族研究，就不必再纠缠于宗族是不是典型，是不是发达的问题，因为这样的问题在实践论者看来是根本不存在的。要专注于发现和挖掘宗族在不同地域的表现形态和与之相关的地方性知识和概念。在实践论者眼里，宗族遍地都是，只是发展形态上会有差异。有的宗族可能仅仅停留在观念形态，即人们有拜祖行为和观念上的"五服—九族"认同，现实中并没有任何超越"五服—九族"的系谱存在，但是我们也不排斥它，认为它是宗族的一个发展阶段，不认为它不是宗族。有的宗族可能是纯粹系谱性的，我们认为它是系谱性宗族。有的宗族则是功能性的，成为地方社会治理和地域社会中的重要支配性力量。需要强调的是，无论是观念上的宗族，还是系谱性的宗族，抑或是功能性的宗族，都是宗族的不同发展形态和发展阶段，观念上的宗族有可能会发展成为系谱性的乃至功能性的，有的则完全停留在某一阶段，并不一定必然会向其他阶段演变。即处在不同发展阶段的宗族都是宗族，无所谓谁典型谁不典型的问题。这就是现阶段我以山西为中心开展宗族研究的基本遵循。

在对山西区域的研究中，我发现山西各地的宗族形态确有差异。在晋水流域的北大寺村，有武氏宗祠，是明代以来发展起来的一个乡村宗族，他们有系谱、有祠堂、有族产，在北方区域来看，是一个很有代表性的宗族村庄。在这里，因为使用晋祠泉水浇灌稻田和荷塘的缘故，北大寺武氏宗族对从晋祠分出来的一条支渠——陆堡河具有支配权，在祠堂中立有碑刻，传达的就是宗族与水利的结合，武氏族人还形象地将陆堡河比喻为"家族之河"。无独有偶，晋水北河花塔村张氏同样是一个源于明代大槐树移民的宗族，他们虽然没有祠堂，但是在该村所属的寺庙花塔寺中，同样也立有彰显张氏宗族对北河支配权的碑刻，而且花塔村张氏长期以来以"油锅捞钱"的争水英雄张郎作为自己的宗族荣耀，世袭晋水北河都渠长职位。这是在晋水流域的宗族形态，从表面上看，与南方区域的宗族差别不大。2014—2016年，"沁河风韵"项目在我的家乡阳城实施。借助这次机会，我以沁河流域的大姓望族为题，对沁河流域的宗族形态和宗族历史做了初步研究，其中，润城中庄李氏宗族很有代表性。中庄李氏历史上一共有11次修谱行为，李氏一族分为四门，其实是四个分支。明代嘉靖年间开始第一次修谱，不过最初只是分门修谱，长、二、三门依次各自创修、重修了各门的谱系。在此基础上，李氏三门在清代开始创修合族谱，在合族过程中，面对谱系不完整的困难，进行了适当的发明创造，得到族人认同，完成了合族谱的创建，此后又进行了定期重修，直到1985年的最后一次重修。李氏宗族的案例提供了一个以修谱为核心的宗族发展史，用李氏族人的话来讲，他们修谱的目的并不是为了显示祖先荣光，而是为了让族人彼此了解相互之间的关系，懂礼仪、知长幼尊卑而已，并不寄望于依靠宗族来获取地方社会资源和权力，成为影响地方社会发展的重要力量。在他们的观念里，宗族并非功能性的，而是系谱性的。相比之下，我在晋西北观察到的一个当代正在形成的宗族，则提供了山西宗族一个真实的地方实践形态。自2011年起，来自内蒙古自治区的口外周姓族人在一位名叫周永平的年轻人的带领下，利用网络和QQ平台，开始了他们寻根修谱的活动。这群周姓族人，以河曲县南沟村作为祖先发源地，河曲"丰豫都七甲南沟周"是这群人关于祖先来源的共同记忆。在口外周姓族人的推动下，口内河曲县的南沟周氏族人的修谱热情也被激发出来，一时间口内口外大联欢，散居在内蒙古大草原的周氏后人纷纷前来南沟寻根问祖，为此他们成立了专门的理事会，处理修谱事宜，安排了口内外负责联络族人、搜集资料、提供信息、达成修谱目的的工作人员。经过五年的多次大型聚会、祭祖和小型聚会、修谱的活动，最终完成了一部囊括六万余人在内的《周氏族谱》。然而，在修谱过程中，由于口内、口外负责人的分歧，导致修谱工作也蒙上了阴影，最终发生了分裂，口内人宣称口外人非周氏族裔，做出一部排除了口外人的《南沟周氏族谱》，而口外人所修族谱中则包含了口内口外所有周氏族人在内。南沟周氏的这一修谱过程，让我们看到了实践中的宗族及其表现。可以想见，历史时期修谱过程中这样的行为也极有可能发生，只不过由于我们没有办法亲历，最终面对的只是一个编修完成的族谱，对于修谱过程中出现的分裂和斗争根本无从观察得到。因此，仅仅依靠系谱去研究宗族并不可靠。对于南沟周氏来说，修谱的过程就如此艰难，在完成修谱工作后，至今我们并未看到有进一步的动向，更无论所谓功能性了。

基于这样的认识,我认为宗族的本质是一种文化制度和文化符号,所谓功能和系谱只是宗族的一种可见的外在表现形态和方式而已。作为宗族,并不一定要承担起同居共财的功能,类似于北宋范仲淹在苏州天平山推行的范氏义庄,也只是一种理想形态,绝大多数宗族根本无力承担起这样的功能。同样,宗族也不一定要成为整合地方社会发展的支配性力量。对于传统时代的国家而言,鉴于宗族的所谓功能性,而选择将国家权力和职能部分让渡给宗族组织,由宗族组织承担起所谓乡约教化、征收摊派赋役、维护地方安定的功能,完成对宗族的有限授权与合作。但是宗族势力如果过于强大,威胁到地方政府的权威并挑战地方社会秩序时,国家就会对其给予打压。对于国家而言,其要打压和限制的只是宗族的社会功能而非作为文化符号的宗族。宗族作为一种文化、精神认同,是任何时代、任何地域的人们共同拥有、共同需要的,它并非政府打压的对象。在 20 世纪的中国革命年代,所要消灭和革除的所谓父权和族权,正是宗族功能性的一种表达。今后的北方宗族史研究,就是要在这样的理念指导下继续开展研究和探索,这就是宗族的历史过程实践论。

二、左图右史:山西水利社会史研究的深耕

水利社会史是我们中心自 2000 年以来开拓出的一个重要学术领域,在国内外学界具有一定的影响力。我们选择以水为中心去研究明清以来的山西区域社会,正是注意到水资源的短缺是明清以来制约山西经济社会发展的一个重要因素,从水的立场出发去开展区域社会史研究,不仅是一种视角的转换,更是符合山西社会历史和现实的一条实事求是的学术路径。可以说,二十多年来,我的学术研究正是围绕水的问题展开的。在类型学视野下开展中国水利社会史研究是我们的基本主张。2014 年和 2017 年,我在《近代史研究》发表了两篇讨论北方缺水地区历史水权问题的文章,将类型学视野下的水利社会史研

究逐步推向深入。以历史水权问题为中心，开展不同类型水利社会史研究，是我们在山西区域社会史研究基础上摸索出来的一个基本理念。从治水社会到水利社会，从乡土中国到水利中国，从以土地为中心到以水为中心，是二十多年来水利社会史研究得以兴盛的一个重要指导思想。

在此基础上，水利社会史研究何去何从，水利社会史研究的未来如何发展，成为摆在我们面前的一个亟待解决的理论问题。2019年，在参加云南大学举办的"从水出发的中国历史——第二届水域史工作坊"时，我提出了中国水利史研究的三个时代论，并将其戏称为1.0、2.0和3.0时代。1.0时代的特点是传统的水利工程、技术、遗产和水文化史的研究，研究者主体是水利水电科学领域的专门研究者。2.0时代的特点是水利社会史研究，研究者主体是大学科研机构的社会史研究者，是区域社会史研究的一个独特领域。3.0时代则是以水为中心的水的历史或者叫作水的社会史研究。在这个阶段，真正要做到以水为中心而不仅仅是以水利为中心。此前的水利社会史研究，将研究的重点主要置放于传统时代与农业灌溉用水相关的生产性用水的领域，这个特点也与水利社会史最初在山陕地区兴起有着莫大的关联性。但是与水相关的研究，并不仅局限在水利灌溉这一范围，它还包括日常生活用水的问题、水质好坏的问题、水如何排放的问题。除了水利史，还要有水害史，如洪涝灾害史、水污染史。研究的空间，除了农村，还有城市；除了内地，还有边疆；除了丰水区，还有缺水区；除了丰水期，还有干旱期；除了水利灌溉、吃水引水，还有水运交通，到了现代还有水库兴建，在南方和沿海地区还有海塘工程，还有关系传统帝制时期王朝命脉的漕运和海运的问题，如此种种，不一而足。水的社会史与水利社会史相比，一字之差，其研究领域更加宽阔，研究内容更加多元。因此，水的社会史研究可以视为水利社会史研究的未来。

即便如此，并不是说当前的水利社会史研究就已经没有发展的空间了。在我看来，水利史研究的三个时代相互之间既非简单的替代关系，也非简单的并存关系，而是你中有我、我中有你、合作并存。对于当前的水利社会史研究本身而言，仍然有着广阔的发展空间。水利社会史研究仍然是大有可为的。我们非常欣喜地看到，类型学视野下的水利社会史研究在中国南北不同地区已经得到了众多研究者的呼应和实践。在西北干旱区，研究者相继提出了新疆"旗屯水利社会""和田水利社会"、甘肃庄浪"坝区水利社会"，甘肃河西走廊水利社会、内蒙古小流域社会等类型；在南方，有浙江萧山湘湖的"库域型水利社会"、宁绍平原以塘坝闸为代表的山会萧地域水利共同体、徽州的"堨坝水利社会"，江西的"陂域型水利社会"、两湖地区的"围垸型水利社会"、福建莆田的木兰陂"南北洋水利系统"及其跨村落的仪式联盟、云南滇池的高原湖泊型水利社会、江西鄱阳湖、湖北洞庭湖的"水域社会"等类型。类型学视野下的水利社会史研究呈现出一派生机盎然的景象。

2017年，我申报的"金元以来山陕水利图碑的搜集整理与研究"获得国家社科基金重点项目支持。这个项目主要突出两个特点，一是在研究时段上，从过去常用的明清以来向上追溯到金元以来，将时段拉长。这既是社会史研究重视长时段的表现，也是山陕区域社会历史的一个基本特点。过去我们习惯使用的明清以来并不足以涵盖和解释北方区域的历史过程。相比之下，明清以来更适用于东南区域社会的历史演变。在北方区域社会研究中，应当遵循区域社会自身的特点，开展符合实际的实事求是的研究。金元时期的历史对明清以来的山西区域社会产生了重要影响，通过金元理解明清，通过明清理解金元。这是我们开展这一研究的基本理念。二是在研究对象上，我将研究重点从过去的水利碑文转移到水利图碑，从文字到图像，这是一个重要转变。过去的山西水利社会史研究当中，我们主要使用的是水利碑刻、水利契约、水利档案、水利文书等，要处理的主要是文字资料，通过阅读和分析文字史料，来还原区域社会的历史过程。这一研究在以往二十多年的实践中，已经取得了重要成效。但是大量方志水利图尤其是刻在石碑上的水利图却被我们忽略掉了。过去，我们通常认为水利图只是人们理解水利文字的一个辅助性工具，因而往往以文字为中心。但是随着研究的积累和深入，我们发现水利图碑不断地被发现，所谓"一图胜千言"，水利图所代表的正是一个地方围绕水资源开发而形成的水利秩序的真实反映，讲清楚水利图，就能讲清楚其所在区域社会的历史，也能发现区域社会运行中的问题所在。与地方志中的水利图相比，这些刻在石碑上的水利图，通常与其载体石碑一样，被安放在地方社会的一些重要空间或场所，是所有区域民众都能随时见到的秩序象征。它与地方社会的关系更为密切，也更为地方社会各个利害相关群体所熟悉。通过对水利图碑的研究，不仅可以以其为纽带，将图像背后的各种与水相关的资料整合起来，而且通过水利图碑的刻立，还能够展现不同利害关系者的观念差异和矛盾冲突所在。通过深入解读水利图碑，有助于水利社会史研究的深耕。中国自古以来就有"左图右史"的传统，图文互证、图文互补、图文互鉴，正是这一传统的优势所在。

　　目前，我们在山西水利社会的研究当中，已经重新发现了既往研究中所忽略的大量水利图碑，目前主要分布在山西汾河中下游区域，尤其是泉域社会当中，这种现象表明历史时期人们在与水打交道，为水而争的过程中，对水的管理已经达到了相当精细的水平，在石碑上刻图，就是这种水权管理精细化的突出表现。与之相应，记录水利受益者用水权益的水册、渠册等水利文献，更是对用水者的权益进行了确认和分配，并不是过去研究者所认为的因为水的流动性特征而导致水权归属难以确定。事实证明，在山西水利社会当中，水权意识是相当浓厚的，对水的分配亦是相当明确的。在这种确定性的前提下，依然会发生水利争端和诉讼，则是受到其他不确定性因素的影响，诸如气候干旱加剧，水的流量减少等，致使本已确定好的分水秩序无法真正得到贯彻执行，因而人们就会再次为了解决不确定性问题而发生冲突，水利秩序的稳定其实就是一个从不确定性到确定性的过程。水利图碑正是地方水利秩序的直接见证者。因此，以图碑入手开展水利社会史研究，无疑是在以往研究基础上的一个深化和推进。

应当说，从图碑的角度开展水利社会史研究，并不仅仅局限于山陕区域。在搜集资料的过程中，我发现水利图碑在中国南北各地均有出现，并不仅仅局限于北方区域。比如浙江丽水的通济堰水利图碑，形成于北宋。拥有天下第一塘美誉的安徽寿县芍陂水利图碑，被研究者认为是审视明清时期地方水利社会和民间组织运行的一扇窗户，是理解基层社会的一把钥匙。同样，我们也发现了广东佛山康熙五十七年"存院围基图碑记"、广州番禺道光十二年的"各圳水道图形碑"、河南商丘乾隆二十三年"开归陈汝水利图碑"等，表明各地在开发利用水资源的过程中，无不通过刻图于碑的形式来确定地方水利秩序和用水权限，是地方水资源分配秩序的合法性象征。因此，以水利图碑为切入点，是开展中国不同区域水利社会史研究的重要路径，有助于水利社会史研究的深耕。

三、挑战与机遇：山西抗战史研究再出发

2019 年，受全国哲学社会科学工作规划办公室和山西省委宣传部的委托，我有幸作为首席专家主持并承担国家社科基金抗战专项工程"山西抗日战争文献资料的搜集整理与研究"这一重大任务。抗战专项工程是为落实习近平总书记在纪念抗日战争胜利七十周年大会讲话和中共中央政治局第四十二次集体学习时的讲话精神而设立的重大项目。该项目的宗旨就是要提高中国抗战史研究的国际话语权，让历史说话，用史实发言，着力研究和深入阐释中国人民抗日战争的伟大意义、中国人民抗日战争在世界反法西斯战争中的重要地位、中国共产党的中流砥柱作用是中国人民抗日战争胜利的关键等重大问题。鉴于山西在中国抗日战争史研究中的重要地位，专门设立了这一重大课题，希望我们能够在山西全面搜集和整理抗战史研究的重要史料，开

展创新性研究，为推动山西抗战史和中国抗战史研究做出新贡献。

这个课题，对于我来说，既是一个重大挑战，更是一个重大机遇。这是因为，山西抗战史研究已有多年，无论是山西本土学者，还是国内外学界，无论是在资料整理还是学术研究方面都已做出了相当突出的贡献。山西抗战史历来就是学界的一个热点和显学。面对如此高的学术门槛，如何突破、如何创新，不能不说是一个重大挑战。但是挑战与机遇并存，挑战越大，机遇越多。做好这一课题，必须要理清家底，有所为有所不为，抓住区域特色、整合研究团队、开展国际合作、打造学术平台，争取在有限的时间内确立开展山西抗战文献资料搜集整理和研究的基本框架和研究思路，扎实推进课题研究。经过前期周密调研、反复论证，我们初步确定了研究思路，即以开展山西抗战地图和山西抗战碑刻搜集整理为突破口，提出双千工程的口号，要在一年时间内整理 1000 幅以上山西抗战地图，整理 1000 通以上山西抗战碑刻拓片和文字。同时与山西省民间报刊资料收藏家合作，搜集整理百种抗战报纸和抗战期刊，简称双百工程。通过双千双百工程的推进，摸索经验、掌握家底，同步推进与山西省图书馆、山西省市县各级档案馆、山西博物院、武乡八路军抗战纪念馆以及其他民间抗战文献资料收藏机构的合作。与长期旅日的华裔学者祁建民教授合作，在日本国家和大学图书资料收藏机构进行资料搜集。2019 年 9 月 28 日，在山西大学隆重召开项目开题会，会议邀请到中国抗战史学会会长、社科院近代史研究所王建朗所长领衔的国家社科基金抗战专项工程专家组一行九人，对我们的课题研究方案进行了详细论证，充分肯定了我们的做法，并提出了建设性意见。我们的山西抗战史研究由此拉开了序幕。

2020 年 11 月，全国哲学社会科学规划办主办的"国家社科基金抗战专项工程项目推进会"在南京国际会议中心举行。我带着课题组一行五人前往汇报。经过一年的工作，我们已经完成了项目首年度确定的工作任务，即推进完成双千双百工程，我们带着精心制作的厚厚六册成果接受了验收检查。我们的汇报得到了与会专家的高度评价，专家们认为我们在一年时间内能够完成这样很有特色、很有创新意义的成果很不容易，值得充分肯定。这极大地鼓舞了我们的研究热情和团队士气。2021 年 1 月，项目再次获得 60 万元的滚动资助，项目总经费达到 260 万元。这个项目的支持力度完全不同于以往国家社科基金的重大招标项目，可以说既是学术任务，更是政治任务，我们能够有幸承担这一重大任务，就一定要加倍努力，动员、配备、组织好精兵强将，用一流的成果来展示山西学者的学术风采，以实际行动高质量、高标准地完成好这一重大使命。

南京会议的成功，是对我们首年度研究工作的肯定，但是接下来第二年度的研究就面临着更大的挑战。这是因为我们在资料搜集整理中，采取了先易后难的办法，接下来的 2021 年，我们根据南京会议的精神，继续打特色牌，充分展示山西作为抗战大省的特点。通过举办山西抗战史研究学术研讨会，我们得以结识日本明治学院大学张宏波教授和石田隆至研究员，他们二人长期致力于日军山西残留和 1956 年太原战犯审判的研究。两位研究者此前已经在该领域做了大量的积累，对日军山西残留问题、1956 年太原战犯审判问题的相关史料搜集和存在的问题、难点和解决办法都提出了有价值的见解。于是，我们在 2021 年度便将翻译整理日军山西残留史料和太原战犯审判资料作为我们的一项工作要点，并开展了山西抗战史研究学术工作坊，邀请石田隆至、张宏波、山西省档案馆编研部赵跃飞、山东大学教授徐进等围绕山西抗战特色研究和抗战档案资料的搜集整理工作进行了专题报告和研讨，激发了课题团队成员开展山西抗战史研究的热情和信心。同时，课题组成员还利用我们搜集到的史料，开展高水平研究，多人论文入选并参加了由中国历史研究院举办的纪念抗战胜利七十五周年国际学术研讨会，以及《抗日战争研究》编辑部主办的各种高端抗战史研究会议，可以说锻炼了队伍、开阔了眼界、扩大了影响。

在此基础上，我认为从社会史视角出发是做好山西抗战史的重要路径。在继承和发扬以往抗战史研究注重政治史、军事史、经济史研究的传统路径之外，从社会史角度推进抗战史研究，被视为当前中国抗战史研究中最有活力的发展路径，学界对此多有论述，值得借鉴。有学者倡导要做有灵魂的抗战史，突破领袖精英的视角，将普通民众作为重要的研究对象，站在普通民众的角度解释历史。在关注国族命运的同时，关怀时代之中个人的历史，映衬时代的生存真实与人性本色，将时空、事件和人物要素有机结合，丰满抗战史研究的骨架与血肉。这些论述都是有利于深化和推进中国抗战史研究的真知灼见，应当充分融入今后的山西抗战史研究之中。

从社会史角度推进山西抗战史研究，首先要树立整体史观，将区域抗战史与整体抗战史相结合，在全局中审视区域，避免碎片化。正如论者所言，具有宏观视野的微观实证研究才是区域抗战史研究的正道，空泛的宏观叙事和没有宏观视野的琐碎探究都容易陷入研究的误区。做好山西抗战史，既要讲共产党，也要讲国民党、阎锡山，还要讲日本人、沦陷区和晋北伪蒙疆政权，还应当注意苏联、美国等外部势力的态度和影响，要有全局意识和国际视野。山西抗战是全民族抗战。只是在这场全民族抗战中，中国共产党能够审时度势、高屋建瓴，在抗战中赢得了民心，壮大了实力，用实际行动赢得了敌后战场的领导权。这正是需要研究者充分肯定、大书特书、深入挖掘的重要内容。

从社会史角度推进山西抗战史研究，还要做到以人为中心，关注人民群众的历史。研究山西抗战史，要学会眼光向下，关注根据地、沦陷区、国统区不同社会阶层和普通民众的日常生活和切身感受，讲好山西抗战故事，充分展示山西抗战的艰难曲折和丰功伟绩。共产党之所以能够在山西不断发展壮大，离不开中共中央的坚强领导，更离不开山西民众无私无畏的牺牲和坚持。1942 年，日军侵入沁源，沁源人民把水井填死、碾磨炸毁、粮食搬走，白天躲到深山对敌人进行围困，晚上进城对敌人进行骚扰，搞得敌人白天无饭吃无水喝、晚上不能睡觉，精疲力竭，最后被八路军全歼。在历时两年半的沁源围困战中，没有一个人当汉奸，被传为佳话。更有甚者，在山西武乡一个村庄，全村 42 户联名签订生死契约，誓死不当汉奸，感人至深。因此，书写好抗战中普通民众的历史，同样是山西抗战史研究的重要内容。

从社会史角度推进山西抗战史研究，还要关注抗战中的日常生活，还原真实的抗战历史场景，创新抗战史的历史书写，为抗战史研究注入思想和灵魂。近年来的抗战史研究，已经不再满足于以往的宏大叙事、因果论证、政策—效果模式，而是将抗战作为一个特定的历史场域，致力于观察和再现不同历史行动主体在抗战中的心理、思想和行为，重视常识、常情、常理，并尝试运用新的理念和方法，直面抗战中的人心人性，用细腻的笔法将抗战史研究写活写透，对区域抗战历史过程加以重新审视和研究，揭示区域抗战的艰难、曲折与复杂性，进而提出一套符合中国抗战史实际的问题、概念和理论。这既是新革命史倡导者提出的一个重要理念，也应当成为区域抗战史研究的一种学术自觉。唯其如此，山西抗战史研究才能开创出一个崭新局面，为丰富和推动中国抗战史研究做出应有的贡献。

谨以此文献给我奋斗了二十年的山西大学中国社会史研究中心。2022 年是中心成立三十周年，古人云三十而立。而立之年，正当壮年。处在中年的我遇到了处于壮年的中心，蒸蒸日上、伫立潮头，实可谓人生之快事。最后，谨用曾经悬挂在中心大门上的那条横幅来纪念我们的研究中心，激励更多有为学子加入这一充满斗志和创新精神的团队中来："立足三晋，研经铸史；走向田野，鉴古知今。"

我的根据地研究之路

马维强 [①]

　　"根据地"一直是中心关注的重要议题，但真正展开大规模的研究实践始于业师行龙教授组织中心师生开展"图像抗战"的课题讨论，而这也成为我将集体化时代的日常生活研究延伸至根据地时期的最初起源。

　　2005 年，值抗战胜利六十周年之际，行老师组织中心师生共同研讨"图像抗战"的课题。中心二三十号人马围坐在山西大学正门对面旧图书馆顶层的狭小空间里，简单的四方桌子拼凑在一起就围成了可以面对面交流的大圆桌，虽然粗糙质朴，但氛围浓厚。行老师以"图像抗战"为视角，开列了妇女救国、婚姻家庭、军民鱼水、儿童团、军工、医疗防疫、商业贸易、民主选举、植树造林、灭蝗运动、乡村学校、新闻报刊、年画、鲁艺、剧团、破除迷信、调查研究、歌曲歌谣、街头文化等三十二章的内容，囊括了根据地的方方面面，丰富而完整。大家以各自分配到的题目为核心，展开对档案、报纸、政策文件及地方文献的广泛搜集。

　　正值此时，行老师从山西人民出版社购置回大部头的《新华日报》《太岳日报》和《晋绥日报》等影印版报纸资料以及多套根据地画报、画册。同时师徒多人还在行老师的带领下像挖掘宝藏一样，从主楼背

---

① 马维强，山西大学中国社会史研究中心教授。

后被废弃的图书馆第一旧址处拣选早已被厚厚的尘土覆盖的根据地、集体化研究的地方文献，也从堆放在图书馆第二旧址台阶背后的万本旧书中抢救相关文献。结束工作时大家已是满身灰尘，眼耳鼻全然成了黑洞，眼镜也完全被尘土覆盖，却依旧乐此不疲，俨然是奔赴美国西部的"淘金者"，也像是挽救生命的学术勇士。这样的系统性资料建设工作使根据地研究的基础性史料和文献基本形成规模，成为展开根据地研究不可或缺的基础。

有了这些文献，大家的思路被有力地激活，并在行老师的组织下进行多次交流，七嘴八舌地讨论，不亦乐乎。这不仅开阔了大家的视野，也催生了一批论文题目，如刘轶强的革命医疗、韩晓莉的戏曲与节日文化研究、苏泽龙的冬学运动、邓宏琴的蝗灾应对、刘宇的破除封建迷信以及我的学生闫志伟的减租减息中的合理负担研究等，都是从"图像抗战"课题中延伸而来。也正是从此时起，中心开始较多地关注并展开根据地的研究，可见此次关于根据地研究主题的设想所具有的前瞻性意义。

除了资料建设工作和思想的引领，行老师对于根据地的研究也积累了较多成果。从《太行精神永存》到《图像历史：以〈晋察冀画报〉为中心的视觉解读》，再到《在村庄与国家之间——劳动模范李顺达的个人生活史》，是由对宏观的"太行精神"革命文化的解读，到对微观的时代背景下小人物的生活和历史命运的聚焦，而对"图像历史"的阐发，是对历史研究方法的理论关照。从理论方法，到小人物生活的细腻呈现，再到历史事实背后折射的政治文化，构成对根据地较为完整的解读。我也正是在这样的思路启发和学术指引下顺其自然地将集体化时代的日常生活的研究拓展至根据地时期。

应该说，根据地时期是中共政权在地方实践的开始，也是近代以来乡村社会发生巨大变革的起点。建国后的国家政治、经济体制和政策措施无不来源于中共在根据地的实践经验，共和国正是从根据地走出来的。太行是抗战的基石和革命的试验场，在中共革命研究中的地位不言而喻。井冈山—陕甘宁—太行—西柏坡是中共政权从初创到成熟的完整历史过程，太行在此序列中不可或缺。如果说井冈山体现了中国革命初期的原始形态，那么陕甘宁是从早期的土地革命、游击运动向统一战线再向阶级斗争的形态转化，西柏坡体现出中共从战争走向和平、从革命转向建设的道路发展，而太行则因为面临更多的日军军事侵略和战争的烧杀抢掠而体现出更为艰难的环境改造和政权建设，于此形成了抗战的、独特的"太行精神"。太行精神在 2021 年 9 月被中央宣传部纳入第一批中国共产党人精神谱系中。开展学术研究需要敏锐的问题意识，而太行正是这样学术含量极高的"问题"。那么，如何转换革命史范式的话语体系和理论、逻辑架构，从更为新颖的视角展开对根据地的研究就成为破题的节点。

我将目光投注到"日常生活"的研究上。我的博士论文专注于对集体化时代农民日常生活的讨论，这得益于那个时期收集到的村庄普通民众的家长里短、邻里矛盾等日常琐事的细腻资料，而其个人经历与人生命运的跌宕起伏无不印刻着国家和社会变迁的时代烙印。那根据地的日常生活又是怎样的状貌？

从着手博士论文的选题开始，日常生活就一直深深地吸引着我去不断开拓这块未知领域。它是如此迷人，令人神往。日常生活研究之所以迷人，就在于其中所涉及的人生经历、生命体验、命运沉浮直叩人的心灵，直指人生活的价值和作为主体存在的意义，也与社会发展的向善性直接相关。不同于生硬、晦涩、形而上的、钢筋混凝土般的社会科学理论那样冷冰冰，日常生活理论生动活泼、温婉多情，具有阴柔之美，可谓社会科学理论体系中最为人性化的领域。具体到根据地时期，在中共革命的巨大社会动荡和历史变迁的背景下，农民的日常生活会发生怎样的变化？农民的传统文化对国民党而言也许是无法穿透的铜墙铁壁，但对于中共而言却像带刺的玫瑰。通过将革命的理念和精神深深扎根于乡村民众的日常生活中，中共终将拔出毒刺而迎来玫瑰的满眼绽放。那么，根据地的日常生活在哪些方面发生了变化，又得到了中共怎样的改造？延续了什么，改变了什么，又以怎样的方式和状态过渡到新中国成立之后？太行民众的日常生活是中共进行革命和社会变革的重要层面，内含在根据地基层社会的结构中，更隐秘着中共革命的深层意义。中共革命的决策及其实施远非仅存于既有的意识形态中，更蕴含在农民的日常生活中，农民的日常生活是中共决策的动力来源所在，日常生活层面所存在和产生的问题为中共革命提供了合理合法性，也为中共的变革提供了社会基础。中共革命的实践体现为革命深入植根于农民的日常生活中，中共对农民日常生活的改造即是革命实践的重要路径。这样的问题意识和学术关照即来源于行老师在日常点拨中的谆谆教导和我在中心点点滴滴的浸润与成长。

2021年又一轮的国家社科基金申报工作开始了，反思我自己的研究，确定怎样的选题就成为关键。记忆把我拉回到2007年的那个夏天。是年，中国人民大学夏明方教授召开关于社会调查的相关会议，邀请行老师参会。当时学界对于民国社会调查的关注成为流行的热点，但多关注民国研究机构、高等学校的社会学、人类学调查及日本在侵华期间的调查。行老师推荐我去参会，并嘱咐我就中共调查展开深入考察。借此机会，我在山西省图书馆及县市档案馆进行了资料的查阅和搜集整理，进一步加深了对中共社会调查的认知。可以说，调查研究是中国革命成功、社会主义建设和改革发展的重要路径依赖，是"关系党和人民事业得失成败的大问题"。20世纪40年代的社会调查是党调查理论渐趋成熟、活动趋于制度化后在党内广泛兴起的第一次大规模系统性调查，与之前的毛泽东、陈翰笙调查和新中国成立后的调查一脉相承，同时又呈现出与时代背景相结合的逻辑演进。根据地、解放区建设是中国共产党执政实践的雏形，社会调查作为党"范式"性的政治文化传统及特性，对党政制度的建设和各项社会制度的确立成形具有规范意义。社会调查本就是"图像抗战"课题的内容之一，行老师将其纳入其中，想来就是看准了其如此深厚的历史意义吧。在项目申报会上，我将自己的想法和思路予以陈述，得到行老师的肯定，信心倍增，以更大的精力投入相关研究中，并最终顺利获得立项。回溯起源，早年间的相关工作已经为我日后的思路成形奠定了视野和基础，这是起初不曾料到的。

我于 2002 年进入中心学习，之后留下工作，至今也已走过了整二十年。这二十年似乎只是眨眼间的过往，又似乎是时光长流中的潺潺湲湲。三十年前中心在乔志强先生的引领下开展了社会史研究的拓荒工作，我虽无从感沐乔先生率学界先锋的弄潮气概，却在业师行龙教授耳提面命的指导下，得以日渐进入对社会史、区域社会史的学术研究，步步深入。我是中心诸多学生中的一员，其他诸位也同我一样经历了相似的学术成长历程。回首二十年来，在行老师忘我投入的"走向田野与社会"精神感召下，数届硕士生、博士生的赓续接力，使中心的资料库建设终成"工程"般的体量。这不得不说是积累了学术研究的丰厚宝藏，诸多学生包括我在内的毕业论文题目都从中而来，并在中心团队式的田野作战、方法讨论、论文撰写中不断获得学术成长。这当是中心学子进行研究的福气和底气所在。

祝愿中心在未来能继续打磨品质，走出自己的格局和特色。

做一个有思想的智者

——在社会史中心三十周年庆之际说给自己的话

常利兵 [①]

　　转眼间，我所在的社会史研究中心已到"三十而立"之年，而我自己从2001年10月保研后不久即跟随行龙师读书、学习和工作，至今也二十年整过去了。思来想去，在这二十年中尽管有太多的人和事会不时地回绕于脑海，但我恰恰比较反感的是那些太过俗套的记述文字，因为对于每个人的成长经历而言，他身处的结构和位置即决定了种种人生过程的展开，或顺通或曲折、或经验或教训，无不如此。所以，借着庆祝中心成立三十周年之际，我深有感触的反而是在求学治学和教书育人中的不易和坚守，也正是所历经的种种不易和坚守，让我更加觉得选择做一个有思想的智者，对于像我这样的人来说，也许最恰当不过了。

　　那何谓有思想的智者呢？在我看来，这一表述的关键词在于思想和智者。所以，要做一个有思想的智者这一问题就转变为首先需要说明思想是什么、智者又是什么的概念界定上来。常言道，人是有思想的动物，这话固然没大错，但如果细究起来，这一思想的限定却不是一个不言自明的存在，而是体现人的主体性、能动性、创造性的关键概念。如此，那么一个人要有思想，就不会是一个自然性的"先赋"

---

① 常利兵，山西大学中国社会史研究中心教授。

过程，而是一个需要后天努力智取的"自致"过程。另外，一个人的思想性存在还体现在他的观念认知中是否具有反思性、批判性意识，否则，也很难称得上是一个有真正思想的人，或者说即便有所谓的思想，也大抵局限于人云亦云、盲从跟风、陈陈相因的境地，以致很容易丧失在知识创造中的独立性。有了这样的思想概念意涵，对于智者就比较容易理解和把握了。通俗地说，智者相对于愚者而言，他需要有一个清醒的头脑、会思考的头脑、能辨明是非的头脑、敢主张公平正义的头脑，所有这些均凸显的是其智识、智慧，而这显然不同于一般意义上的知识、知者。因此，做一个有思想的智者，实际上对一个人提出了非常高的标准和要求，既要努力探索，创造知识，同时也要在追求知识构造和创新过程中具有明锐的批判和反思意识，从而能够在时代变革演进的潮流中发挥作为一个智者应有的作用和影响。

在明确了有思想的智者这一话语的意涵和指向后，接下来要阐发的问题就是如何才能成为一个有思想的智者。当然，我之所以这样说，只是为了文字叙述上的便利，绝不意味着自己已达至一个有思想的智者的境界，而想说的是自己一直在向这样的方向持续努力、迈进，并且把在向这一方向努力奋进时的点滴经验（如果谈得上的话）做一些思考，以期今后的再出发能更加如自己所愿。所以，要立志做一个有思想的智者，我觉得对于一个在大学从事教学科研的教师来说，最重要的莫过于读书了。有兴趣的读者读到此时，肯定会有意或无意地觉得读书一事谁都明白，尤其是从大学教师被想当然地视为知识分子的角度出发，根本没必要费一番笔墨再加赘述。但是，在我而言，却始终认为读书是做一个有思想的智者之第一要务。我之所以给读书如此高的位置，想必能明我心意的读者会认识到我所谓的读书自然不是一般意义上的泛泛读书了，更不是那些为了发表学术成果应急地找一些相关课题的书目，然后再"剪刀加糨糊"式拼凑一番的做法，尤其是后者，对于一个人崇高心智的养成更具有负面性影响。

所以，我强调读书对于做一个有思想的智者的重要性，就是想把读书这件事看作一个人的心智培养、思想养成所必需的学习、再学习过程。由此，读什么书，怎么去读书，如何在读书中与自身的心智、思想有效地融合，确是一件不易和需要坚守的事情。这也是我从行龙师多年来一再强调要多读书、读好书、多读经典的耳提面命中领悟出的一点读书之道。展开来说，我是把读书作为一件纯粹的事情来看待的，需要读书者以静下来、慢下来的心态和节奏去面对每一本经典作品，在精读、细读的过程中与作者及其作品形成一种深度的"自我"与"他者"的共鸣关系，只有在此基础上，通过对作者作品中思想元素的吸收与理解，才可能转化为自我思想培养和养成的一种内化与阐发。也正是因为有这样的读书规定，我向来对于书有着一种非常崇敬的心态，对于读书更是有着不知疲倦的追求和执着，所以我时常会在经典书目扉页上写下"作为一种生活方式，将读书进行到底！"的话来勉励自己。因为我真的是把读书作为一件很重要的事情来对待的，如此这般，也才能体会到耐心、静心、毅力、磨炼，以及慎思、笃行是每一次进行读书思考与智识积累所必须的要求和考验。

由此，我想到的另一点就是读书会有助于读书人在面对自然与社会、人事与制度时产生敬畏之心，就像《中庸》中所言"博学之、审问之、慎思之、明辨之、笃行之"。尤其是在阅读一些大师名家作品中获得些许思想意识深处的启发与共鸣后，除了自身心绪上的愉悦快感外，我更觉得读书在很大程度上决定了一个人的修养和水平。所以，每当听闻大学里一些研究者为了博取更多的绩效奖励而在论著写作中抄袭、造假时，我从来不以为这只是一个靠物质刺激以求得名利双收的制度性问题，更揭露了如此行事的当事人缺乏最基本的在长期读书中所养成的对知识的尊重和敬畏感。当然，这样的所谓学者，即便再多产多造，他在知识创造上的贡献也是令人生疑的，也很难称得上是一个有思想的智者了。毫无疑问，不论是教学还是科研，读书对于一个大学教师而言，是达至"师者，传道、授业、解惑也"这一崇高目的的基本功底和修养。而且通过读书中的知识积累和思想求索，更有助于准确定位和呈现自我，在不盲从、不骄躁、不虚伪的学习工作中最终确立起"独立之精神，自由之思想"的治学品格。

笔端至此，我突然又想到了但丁在其《飨宴》中对于一个人如何开始新的生活提出的基本要求，即"生活对于动物来说，意味着感觉；但对于人来说，则意味着思维。因此，人必须将理智作为最高的福祉"。很显然，但丁在其诗文中特别强调的是理性至上的原则，也就是说，如果去掉理性，人就不再成其为人，而只是有感觉的动物了。也由此，我联想到了读书对于一个人理性思维的不可或缺和重要性。前文中已指出，一个有思想的智者，其思想不是不言自明的存在，而是靠后天努力才能获得的，那代表着理性至上的思维，本质上也就是提醒我们要学会思考，而这会思考的能力实际上主要还是来自坚持不懈的读书。这就是我想说的第三点，即读书对于做一个有思想的智者的重要性还体现在它能不断促进我们学会思考，从而在概念、判断和推理的思维过程中提升我们知识创造的品质。

所有这一切，若是脱离了读书的轨道，做一个有思想的智者可能就会走向它的反面，那么，可想而知我们会身处怎样的知识与社会之中了。也正是基于这样的忧思和对做一个有思想的智者的向往和期待，在社会史中心三十周年庆之际，我对自己所说的这一番话，既是提醒自己坚守作为一个读书人的本色与追求，也乐意与诸位师友、学生，相识或不相识的读书人分享，更期望能在由不读书的状态向读书的状态转变中起到点滴激励作用。因为我始终相信，时代潮流与社会演进的良好展开一定会有读书人的身影。

三十年间与十三年间

李 嘎①

　　山西大学中国社会史研究中心正式成立于 1992 年 8 月 1 日，至今已近而立之年。三十年风霜雨露，三十载春华秋实，如今的中心呈现出一派士马生风的蓬勃朝气。我于 2008 年 7 月正式进入山西大学中国社会史研究中心工作，倏忽之间已历十三寒暑。十三余年，近五千日夜，与中心时刻为伴，浸润其间，受益无穷。"三十年间"之于中心，诸多行之有效的科研传统值得总结继承；"十三年间"之于我，成绩虽微不足道，但年华流逝中产生的一些个人感悟却也有一书的必要。

一、三十年间

　　中心是国内最早以"社会史"命名的研究机构，经过近三十年的发展，目前已形成一支研究理念鲜明清晰、研究方向稳定合理、学术梯队传承有序的科研队伍，被誉为中国社会史研究的重镇之一。总结起来，个人认为，以下三方面的经验值得认真总结并长期发扬。

　　其一，应高度重视"走向田野与社会"的学术理念。这一理念的提出者行龙老师对此有过精辟全面的总结："我们开展以历史学为本

---

① 李嘎，山西大学中国社会史研究中心教授。

位的田野工作主要凸显在两个方面：一个体现在对已经过去的社会事实的文献收集。这就要求我们必须走进田野社会，尤其是区域社会史的研究可以把被研究对象集中在一个村落、一个家庭甚至是一个具体的人。这些活生生的对象存在我们从书本上是找不到的，只有走到田野里去。另一个集中体现在对人类学、社会学田野调查方法的借鉴和利用上。我们也要像人类学家、社会学家那样，深入民众、深入田野、深入社会，力求去体验、去观察日常社会生活是怎样发生和相互关联的……简而言之，搜集地方文献和田野体验是我们进行以历史学为本位的田野工作的两个主要目的。"（行龙：《走向田野与社会》，生活·读书·新知三联书店 2015 年修订版，第 103 页）我们中心的同仁们是这样说的，更是这样做的。回顾过去，在"走向田野与社会"理念的指导之下，我们建成了国内外著名的集体化时代农村档案资料中心，数量以千万计，涉及村落数百个，产生出大量高水平研究成果，毫无疑问，这些丰富资料必将持久发挥重大学术价值。

本人服膺"走向田野与社会"的研究理念，并将其贯彻于个人的研究实践之中，内心常以"无田野经历不外投论文"自律，可以很自信地说，近些年本人发表的几篇较为重要的学术论文均有田野工作经历，切实尝到了"走向田野与社会"的甜头。记得 2013 年 3 月下旬，为推进博士后研究工作的进展，我只身一人用 7 天左右的时间赴山陕多地开展了较为深入的田野调查与访谈工作。在陕西凤翔，徘徊于东湖之畔，遥想当年苏东坡疏浚东湖的情景，深化了对东湖水域形成史的理解，对东湖空间结构的把握较之文献也更加深入了一层；在黄河禹门口，遥观来自山陕峡谷间的滚滚黄流至此摆脱束缚、奔涌而出的情景，对"骆驼巷"堵塞后主流东摆致使汾河入黄口上移并最终影响到河津老城安危的内在逻辑有了更深的理解；在荣河老城，搜集到的《宝鼎沧桑记》一书对于深化黄河对荣河老城影响的理解并把握民国间的移县纷争提供了巨大帮助。也记得 2015 年六七月之交，为探讨清代榆林城市水患问题，独自赴陕北榆林开展田野调查的情景。在长城塞外沙滩区的徒步调查访谈大大加深了对榆溪河上游河流生态变迁的认识；在榆林市档案馆和榆阳区档案馆搜集到的《图开胜迹》《榆林县地名志》等书也有力弥补了传统文献的不足。还记得2017年5月间，为推动1950年代崞县治所迁移问题的研究，赴山西原平开展了多天的田野工作。在崞阳镇这一座遗存县治中，庄严的文庙大成殿依然矗立于原地，元代大德年间的重修文庙碑也完整保存，旧时的城墙虽然大部倾圮消亡，但残垣断垒仍向我们诉说着其往日的辉煌，城南的普济古桥是山西现存最古老的桥梁之一，从桥面人车分路而行的条石和深深的车辙印痕依稀可见古时这里毂击肩摩的繁忙景象。这些历历在目的田野经历大大推动了我的科研工作，也使我更加深刻地体会到"走向田野与社会"理念的强大生命力。

其二，应坚持好"鉴知"系列学术讲座制度。大约十年前，在行龙老师筹划下，中心开始举办以"鉴知"为名的系列学术讲座，包括鉴知名家讲坛（主要邀请国内外知名学者来中心主讲学术报告）、鉴知青年学术工作坊（主要由中心教师主讲学术报告）、鉴知研究生论坛（主要面向硕博士研究生）。其中鉴知名家讲坛为不定期举办，至今已举办110期；鉴知青年学术工作坊每两周定期（一般定于周三晚上）举办一次，至今已举办至第136期，中心教师先于每学期之初将报告题目报送至中心，排出日程表，随后便依序举办，雷打不动；鉴知研究生论坛起初面向中心在读硕博士研究生，每学期举办一次，一般定在期末，时长1天，自去年开始扩大至山西省高校中国史研究生（实际上亦有相当比例的省外高校硕博士生参加），2022年1月初将举办第25届了。实践证明，"鉴知"系列学术讲座制度符合本中心的实际，对于扩大中心学术影响力、推升中心同仁学术水平、提高中心研究生学术能力起到了不可低估的重要作用。这一制度目前已在国内史学界产生了良好反响，应在进一步完善的基础上毫不动摇地坚持下去。

仅以本人多年来参加鉴知青年学术工作坊的经历言之，我是于

2012 年 3 月 28 日首次参加这一活动的，这次正是初创伊始的第 3 期，记得我报告的题目是《历史地理学与环境史视野下的城市研究》，内容是关于自己下一步开展城市研究的一些思考。此后我分别于 2013 年 4 月 10 日、2013 年 10 月 31 日、2014 年 4 月 24 日、2014 年 11 月 26 日、2015 年 6 月 3 日、2015 年 11 月 18 日、2016 年 6 月 15 日、2017 年 4 月 12 日、2018 年 6 月 6 日、2019 年 4 月 24 日、2019 年 12 月 4 日、2020 年 12 月 23 日、2021 年 10 月 13 日主讲，凡 14 次。对待每一次报告，我是十分重视的，一般会提前较长时间考虑选题，认真撰写初稿和 PPT 课件，认真选择与谈人，自认为大多数报告会的效果是较好的，含金量较高，从师生们提出的意见和建议中收获了很多，很有利于论文的进一步修改，所以报告的内容有多篇已在较为重要的刊物上发表，有些正在修改、投稿过程中。记得我在拙著《旱域水潦：水患语境下山陕黄土高原城市环境史研究（1368—1979 年）》的后记中写道："这部书稿中的部分章节曾以单篇论文的形式在中国社会史研究中心举办的'鉴知青年学术工作坊'中多次汇报，中心成员均提出了不少中肯并有助益的建议，在此谨向胡英泽、张俊峰、马维强、常利兵、赵中亚、郭永平、韩祥、曾伟、王帅等老师表示衷心的感谢"，这些话语实在是发自内心的，也是对于鉴知系列学术讲座制度的切实感悟。

其三，应重视团队建设，"抱团取暖"。科研团队是以科学研究为内容，由专业互补、志趣相投而相互承担责任的科研人员组成的群体，组建培育科研团队有利于产生高水平的创新思想和科研成果，有利于培养高层次创新人才，有利于提升学科水平、促进学科成长。就高校科研团队而言，大略可分为项目团队、学科团队、师生团队等类。三类团队既有联系又有区别，项目团队面向科研项目，重在发现新见解，培育新成果；学科团队以学科发展需要为导向，具有明确的学科方向，担负着提升学科水平、培养师资队伍的任务；师生团队则以人才培养为导向，重在培养研究生的科研方法，提升科研能力。

本中心向来高度重视团队建设，我们从中心处于山西大学这样一所中西部高校的现实出发，强调我们所开展的社会史研究应"以山西为中心"，应将学术论文首先写在三晋大地上，由此逐渐形成了区域社会史研究团队。经过多年的建设，我们不但推出了丰富的科研成果，"区域社会史研究"还入选国家级精品课程，真正做到了教研相长。多年来，本中心在"集体化时代农村社会研究""水利社会史研究""历史时期地权研究"等领域取得了不俗成绩，产生较大学术影响力，实际是在"区域社会史"大团队之下孕育成长起来的次一级团队，每一个团队已经初步形成了较为清晰有序的团队带头人、科研骨干和科研梯队，未来可期。2016年《沁河风韵系列丛书》的出版可谓又一件团队协作的佳话。2014年春，山西大学成立"八大协同创新中心"，其中的"三晋文化传承与保护协同创新中心"由行龙老师主持。在征求多方意见的基础上，提出了集中校内外多学科学者对沁河流域进行集体研究的计划。期间我们多次举办"沁河风韵学术工作坊"，并于2014年暑期一行30余人开赴晋城市展开为期10余天的田野考察，烈日炎炎、热火朝天，收获颇丰，而上述努力的最终成果即是《沁河风韵系列丛书》的出版。正如行龙老师在丛书总序中所说："'沁河风韵'是一套31本的系列丛书，又是一个学术团队的集体成果。31本著作，一律聚焦沁河流域，涉及历史、文化、政治、经济、生态、旅游、城镇、教育、灾害、民俗、考古、方言、艺术、体育等多方面，林林总总，蔚为大观。可以说，这是迄今有关沁河流域学术研究最具规模的成果展现，也是一次集中多学科专家学者比肩而事、'协同创新'的具体实践。"我想，这段话不仅是对系列丛书的肯定，更是学术团队协作攻关之优越性的体现。

二、十三年间

我自2008年7月入中心工作以来，十三年间取得的科研教学成绩实际是微不足道的，绝无"却顾所来径，苍苍横翠微"的心态，不过回望十三年间走过的科研小径，一些感悟却又会时常涌上心头。

我是于 2008 年 6 月毕业于复旦大学历史地理研究中心的，硕士阶段师从安介生先生，博士阶段师从葛剑雄先生，博士学位论文开展的是山东半岛历史城市地理的研究，不论是专业背景还是研究地域，与山西可谓风马牛不相及，但在毕业前夕我听说山西大学中国社会史研究中心设立了历史地理学的硕士点，这里的水利社会史研究当时在学界也已颇具影响力，认真权衡之下，遂决定入职于此。入职伊始，我继续开展历史城市地理研究，但关照地域逐渐从山东转向山西；与此同时，努力寻求个人研究所长与本单位主打方向之间的契合点，决定将环境史视野下的城市水患研究作为主攻内容，由此确立了城市环境史的研究方向。可以说，自参加工作以来，本人取得的主要研究成果基本全是围绕历史城市地理与城市环境史两个方向而展开的。

历史城市地理学是历史地理学发展最为成熟的分支之一，在学科理论、实证研究等方面均积累了大量成果。总体而言，已有成果集中在两个领域，一是高度关注古都名城或经济职能较为突出的"典型"城镇，表现出一定的"特殊论"倾向。相形之下，数量上占绝对优势的一般治所城市被明显忽视，从而成为"被遗忘的多数"。其二可称为"体系论"倾向，主要表现在区域城市群体的研究上，学者们的兴趣点在于探究某一特定区域内城市与城市之间相互依存的紧密关系，主要是经济方面的联系。这个领域中的某些成果默认中国自古即存在牵一发而动全身的"城市体系"，将现代城市地理学关于城市体系的研究议题机械地套用到历史时期。基于以上两种倾向，我认为应将地方治所城市视作既不同于古都名城也不同于工商市镇的重要的聚落类型，力避"体系论"倾向，从治所城市聚落本体的内在属性出发凝练研究议题，大力开展历史时期区域治所城市研究。在具体研究过程中，认为"应重视城市比较研究""应重视历史地理与社会史相结合的研究理念""应重视长时段视野下的过程研究"。这些年来，在这个方向上取得了包括项目、论文、专著在内的多项成果，此后我将继续推进这方面的研究工作。

中国的城市环境史研究是在国内自身学术发展脉络与国外城市环境史浸染的交互影响下发展起来的，目前仍属新兴研究领域，研究对象与西方学界相近，大多集中在生活用水、水质污染、能源问题、大气污染、垃圾、粪便、传染病等议题上。不过，基于我国悠久的城市历史以及不少城市中普遍存在水患现象这一事实，学界对城市水患史的研究已有一定的成果积累。这些成果大体表现出四个特点：其一，在研究对象上以古都名城为重点，对中小城市的关注明显不足；其二，在研究方法上以单体城市研究最为突出，区域性城市群体研究尚未引起充分重视；其三，自然科学取向的研究成果明显少于社会变迁取向的研究；其四，相当一部分成果在研究理念上仍可归为粗放性的"灾害—应对"式的线性研究。总之，当前国内学界尚未从根本上形成从环境史角度对城市水患进行研究的学术自觉。基于此，本人主张应大力开展环境史视野下的城市水患研究，并认为至少有四类议题值得探究，一是城市水患的发生与防治研究，二是作为环境灾难的水患迁城研究，三是洪水之于城市的利害相生特性研究，四是城市洪涝适应性景观在民众生活中的角色研究。入职以来，本人在该领域的成果相对丰富一些。我觉得，这个方向既切合学科前沿，也具有现实意义，是值得进一步大力开展的研究领域。

我是个手懒的人，如果说十三年间取得了一点点成绩的话，完全是在中心诸位师友的帮助下取得的，更离不开中心浓厚的学术氛围与催人奋进、你追我赶的良性竞争环境。在中心成立三十年之际，我怀着感恩的心祝福中心，愿我们的中心在下一个三十年取得更加辉煌的成就！

在路上

赵中亚 [①]

2022 年，山西大学将迎来其发展史上的里程碑——建校 120 周年大庆，加之坊间亦有传言山大进入国家双一流建设高校名单，不久或成为事实，令每一位山大人都感到欣幸不已。对山西大学中国社会史研究中心而言，则是双喜临门，因为我们也将迎来中心成立三十周年的日子。作为中心的一分子，为中心成立以来几代学者共同的努力所取得的成就，在业界积累起来日益高涨的学术声誉，感到由衷的崇敬与自豪。具体到我本人，则需要认真总结、明确定位、奋发前行。

二十余年前的一本毕业纪念册上有则留言道："赵夫子，一剑一箫行步江湖，不求与人同，但问自己心。"可知某人之不合群、不谙人情世故久矣。

十年前同学的一则简记也提到某人，"在国学院的诸位同仁中，中亚是最有民国范儿的……他个性随和，洋溢着淡淡的民国味，所以谁都愿意找他帮忙。"似亦在说明某人之不入时。

所谓"性格决定命运"，入职社会史中心后，虽立刻发现每位老师都有国家级课题，科研上积极进取，教学上一丝不苟，以中心为家，很被打动，但并没能转化成个体的行动。这种个性或习惯上的散漫，还体现在至今未养成登陆学校办公系统的习惯，对新的规则也常缺乏

---

① 赵中亚，山西大学中国社会史研究中心讲师。

接近、理解、应用的意愿以及耐心，比如说项目与报账，这些久已成为当代学者生活中的重要组成部分。

更为重要的是，作为一名半路出家者，学术上往往还有那么点儿理想主义的成分。来山西后，在研究方向上太久未能找准个人定位，加之家庭及孩子（夫妻长期分离、双方父母年长、留守儿童）等问题的困扰，令我确实迷茫过。如今，仍得以继续行进在学术研究的道路上，主要得益于中心的包容，领导以及老师们的鼓励与督促。

入职中心之初，行老师就提醒我们："要尽快转到山西的研究上来，这样的学术研究才会持久。"山西是人文社科领域学者研究的宝库，已为无数学者的工作所证明，但对于一个从不善于向同行学习、求助，并缺乏自信的人而言，确实不容易。五年前在撰写《弘道遗爱：来华英国女传教士艾伟德传》时，因资料过少，几要生出逃离之念。在路上与行老师的一次偶遇拯救了我，他的信任让我不得不硬起头皮，坚持下去，最终一个月就完成了那部并不成熟的小书。

中心是一个大家庭，在这里我屡屡感受到家庭般的温暖。当在申请项目屡屡不中时，郝老师曾建议申请古籍整理相关项目；胡老师则在中心会议上激励："每个人有自己的节奏，要按自己的节奏坚持下去"。在张老师那里，更是出自长兄般的关怀，当我身体亮起红灯，他为我寻医问药；项目、论文进展不顺，提出许多非常好的建议。李老师是同学更是亲人，来山西这些年，从生活（小如租房，大到成家）到工作（选题、项目、论文）得其建议与帮助，更是多得难以计数。

毛不易唱过一首《像我这样的人》，"像我这样平凡的人，你还见过多少人？"芸芸众生中，大部分人注定是平凡的人，但他们未必甘愿一生碌碌无为。我也一样，"普通"可接受，"躺平"则不会。

来中心这些年，除田野考察、查文献、假期探亲外，同各位同仁一样，我多会在办公室搜集、整理相关文献，努力确定自己的研究领域及方向。

发掘山西相关的数字资源，建立自己的数据库。熟练利用网络数字资源已成为如今学者生存的基本技能之一。网络数字资源曾是我完成博士论文的主要利器，没有美国的"档案数据库（www.archive.org）"、英国的"大不列颠所藏中文古籍数据库"，我就没有办法从事傅兰雅以及《格致汇编》的研究；而英国、澳大利亚以及中国台湾、中国香港的各种报刊库在我撰写《弘道遗爱》过程中也发挥过极为重要的作用。而今，依然是本人从事山西地方史，尤其是清末民初山西社会政治变迁的重要资料来源。多次试错后，我最终将义和团运动山西善后问题作为进入山西区域研究的第一步，该领域中文文献基本来自已整理出版的义和团运动文献（当然第一历史档案馆还有必要进行爬梳），而前人未及利用的时人文集、日记则来自京沪晋三地的图书馆；此外，还有报刊，如《北京新闻汇报》《中外日报》《外交报》《申报》《大公报》等则来自各种数字资源；相关问题中的涉外方面，除英国公使的个人日记、书信取自国家图书馆外，美国的 Hathitrust 数据库、耶鲁大学"圣三一"图书馆、康奈尔大学图书馆、俄勒冈大学图书馆、日本东洋文库的数字资源帮助亦很大。随着对问题研究的深入，我又将研究范围扩充到辛亥革命前后乃至阎锡山时代，即 20 世纪前三十年的山西。这个时代最为基本的特征是，从义和团运动之后的新政、预备立宪，再到山西的辛亥革命以及阎锡山统治时期，山西地方档案几乎丧失殆尽，已有研究大多资料挖掘不足，其缺陷极为明显。而借助山西地方文献（《三晋石刻大全》、家谱、文人文集、日记）、西人著述以及省内外的报刊，仍有可能做大幅的推进。

与此同时，受中心社会史整体学术氛围的感染，尤其是行老师所提倡的"走向田野与社会"治学理念的影响，我也愈来愈注意到地方文献、田野考察的重要性。2015 年春季在长治地区、夏季在河北宣化地区对天主教的考察，是本人独自进行田野考察的起点，前者以搜集天主教建筑家李有刚的相关信息为目的；后者则是追寻天主教神父雷鸣远在张家口地区的活动以及其同首批中国籍主教的关系，虽然两次考察均未达预期目的，也有意外的收获，比如注意到洞儿沟以及赵家岭天主教家族的墓地、墓碑乃至家谱、契约，这些目前暂时搁置，但将来必定有发挥其功用之时。此外，在教学以及指导学生过程中，我也常反复重申"走向田野与社会"理念在学术研究中的重要性。

故虽相对于各位同仁已落后许多，但诚如崔健所唱："有的说没的做怎知不容易，埋着头向前走寻找我自己"，人生贵在坚持，有坚持就有希望。

中心三十周年庆典感怀

曾 伟[①]

从 2015 年 4 月来到山西大学中国社会史研究中心这个大家庭，至今已有六年半的时间了。回顾在中心的六年多时光，感触颇多，每每临笔，却又不知从何说起。明年是中心三十周年大庆，写下一点文字，既是对过去六年工作的回望，也是对庆典盛事的纪念。

一、结缘中心

2014 年 12 月，博士论文答辩结束。有一天，导师郑振满教授告诉我山西大学有招聘的机会。于是我郑重地将简历投到山西大学人事招聘网站。差不多在过年前两周的一天，接到山西大学人事处的电话，告知了面试的时间和地点，便第一次踏上了山西的土地。

从飞机上俯瞰太原城，规整的街道有如棋盘。从机场出来，灰蒙蒙的天，空气中还能闻到刺鼻的煤烟味。当晚入住北张的民宿，坑洼的铺装路面，粗大的暖气管横跨半空，道路两旁是琳琅满目的商铺招牌。透过院墙，还能看到居民用小锅炉烧煤供暖，展示着北方特有的烟火气。

第二天上午我和中国人民大学的韩祥兄一起来到社会史中心，胡

---

① 曾伟，山西大学中国社会史研究中心副教授。

英泽老师开门迎接，并带我们去面见行龙老师。这是我第一次见到行老师，先生和蔼而威严，招呼我们坐下，开门见山地介绍了中心的发展概况、人才待遇等情况，同时还询问了我们的个人情况。聊天结束后，行老师又带我们参观了中心的小会议室，墙上挂满了中心师生田野考察的照片，东北角是乔志强先生的雕塑，北边靠墙的书架，整齐地摆放了中心历届硕博士论文、历年的出版物。韩祥兄进来后，毕恭毕敬地向乔先生的塑像鞠躬行礼，后来才知道他的硕士导师正是乔先生的弟子。临行前，行老师向我们赠阅《回望集体化：山西农村社会研究》和《风华正茂》两本书，这是我与中心结缘的开始。面试结束后，我就在太原至南昌的火车上，一边捧读这两本书，一边望着窗外覆盖着积雪的黄土高原，《沁园春·雪》中"山舞银蛇""原驰蜡像"的场景迎面而来。脑海里闪动着《走西口》和《黄土高坡》的旋律，浮想着远方的未来。

寒假结束之后，再次回到厦大，打点完行装，跟郑师辞行。在浪琴苑的家中，郑师说了一番勉励的话，并特别讲到"山西大学社会史中心的行龙老师事业心很强，平台不错，在那边会有一番作为。"这是导师对我的激励和鼓舞。

清明时节，在老家祭祖完毕后，我便于4月10日踏上了北上的火车。临别之际好友赠诗一首"廿年读罢苦寒窗，学业终成做栋梁。才甘石阶踏青草，便随明月饮离殇。孤篷日暮征帆远，碧树天涯学路长。晋山晋水虽善美，萍川萍土是家乡。"这次北上的景色与冬日截然不同，华北平原上绿油油的麦苗，显露着盎然的春意；娘子关内桃花盛放，宣示着春天的到来。刚下火车，朝阳初升，春风送爽。在郭永平老师的引导下，在文瀛食堂吃过早餐后，便来到中心。在中心拜会行老师，一番寒暄之后，行老师便嘱我去人事处办理手续。经过一上午的忙碌，正式入住德秀教师公寓，开启了在中心的执教生涯，我也从一名普通的博士，成为中心的一位教师。

进入中心后，无论是近距离观察还是深层次体验，都能感受浓烈的学术氛围。中心位于校园内闹中取静的一个角落，左方立有一个石柱，上书姚奠中先生所题"中国社会史研究中心"几个大字；右方的草坪中，种着玉兰和月季等花卉，春天来临竞相开放，格外漂亮。草坪上摆放着从农村收集来的石构件，有石磨盘、石碾子，还有砖砌的水井、辘轳，展现了北方农村生活的一个侧面，尤为显眼的是一块巨大的太行石上镌刻"研经铸史"四个大字，极具力量感。中心大楼显眼处书有"鉴知楼"，墙上挂着"山西大学中国社会史研究中心""华北文化研究中心"的牌匾，门楣上书有"立足三晋，研经铸史；走向田野，鉴古知今"的标语，体现着中心师生的学术志向。中心一层的大厅，正上方是一个以红色山西地图为底，篆书的"史"字列居其中的徽标，寓意"把文章写在三晋大地上"的理念。西侧的书柜中，陈列着中心成立以来出版的书籍和资料。一楼的教室，是中心师生上课和举行讲座的地方。在这里，每周三晚七点举办的鉴知青年学术工作坊，既是师生进行学术交流和学习的平台，也是获取和启迪新知的园地；以中心研究生为主体的鉴知研究生论坛，每年举办两次，有老师的点评，也有学生之间的互评，是研究生学习交流的平台；而不定期邀请国内外知名学者举行讲座，更是师生们难得的请教和学习之机会。教室墙壁上，挂着胡适先生"要怎么收获，先那么栽""有几分证据说几分话，有七分证据不说八分话"等格言，彰显了中心严谨的学风。沿着大厅走廊向前走的尽头是中心的资料室，在十分有限的空间内，利用密集书架，入藏了乔志强先生的藏书，保存着中心的学养积淀；收存了乔健先生、邱仲麟先生和兄弟单位的赠书，见证着中心的学术友谊；而在不经意间发现的英文、日文旧籍，蕴藏着中心的学术品位。而每年订阅和购置的书刊，尤其以山西方志、碑刻资料、契约文书和村史村志为特色的地方文献，更是中心师生进行山西区域社会史研究的宝库。二楼的大厅是集体化时代农村社会综合展，里面陈列着反映集体化时代农村社会经济生活的账本、契约、票证等文献资料，以及从事农业生产的锄头、粪叉、风车、纺车等实物工具，极具时代风格和地方特色。尤其是中心珍藏了十余年来收集的山西境内二百余个村庄集体化时代档案，凝聚着众多师生的心血和青春记忆。在一层楼梯口，挂着巨幅的"毛泽东同志画像"，肃然起敬的同时，让我不由想起延安抗日军政大学"团结、紧张、严肃、活泼"的校训，而这也正是中心师生日常工作学习的真实写照。从开门到落锁，总能见到中心师生们行色匆匆的身影穿行其间。

在来中心之后的一段时间里，我还没有明确的研究方向。行老师在一次和我的单独谈话中，告诉我可以延续博士论文的选题，从事煤炭史的研究。他强调山西之长在煤，从社会史和人口、资源、环境史角度从事山西煤炭史研究大有可为。接着他从书架上抽出一本《环境史视野下的近代山西社会》供我学习参考，并勉励我从事学术研究，要有"夜以继日"的精神。行老师的谆谆教诲，使我坚定了自己的研究方向。至于如何调适研究区域由南向北的转移，由华南研究走向华北研究，步入山西区域社会史研究的堂奥，则是在摸索中探路前行。正如唐代诗人刘禹锡为杨岐宗乘广禅师撰写的一段碑文所言："机有深浅，法无高下……道由内证，则无异同。"只有将个人生命体验与研究相结合，方能修得正果，对我来说，山西区域社会史研究之路，就是在家乡情怀的驱动下开展起来的。

二、家乡情怀与山西研究

家乡情怀是一种对故土的怀念和情结，对于乡土历史研究而言的重要性自不待言，对于远离家乡的异地而言，家乡情怀如何与历史文化研究结合？我的老家萍乡，据《孔子家语》记载，因楚昭王渡江获萍实而得名，故有楚萍或昭萍之称。从考古发现的青铜甬钟形制来看，受到楚文化的直接影响。春秋时代，晋楚两地即有密切的人员和物资交往，留下了"楚材晋用"的典故；唐代河东的王勃，更在滕王阁留下"物华天宝，人杰地灵"的千古绝唱。从长时段历史来看，山西境内南北间的交流互动必定不少，从家乡情怀出发，融入山西历史文化研究中，当能有所发现。

2015 年 8 月，中心师生赴临汾浮山进行为期五天的考察。这是一个人口不多的晋南县城，却是《弟子规》的编著者贾存仁的故乡，同时也是童话大王郑渊洁的老家。在浮山，我第一次发现原来夏日的黄土高坡，树木郁郁葱葱，也是非常美丽的风景。在乡村中，走访了窑洞，见过了土炕，即使是炎热的夏季，内部也十分凉爽。同时，还看到与南方刊印族谱不一样，当地人称为"神纸"的家谱。当然，更令我惊喜的是在一个偏远村民家的墙上，无意中发现"萍乡市上栗县烟花鞭炮厂"的商标纸，激动地当即拍照存记。家乡情怀使我在日常生活和科研中，有意去捕捉家乡的印记。

此外，我还注意萍籍乡贤在晋活动的资料。就历史人物而言，比如纂修民国《昭萍志略》的刘洪阕，曾在宣统年间担任和顺县知县，并以禁毒委员的身份，在山西省内各地查禁鸦片，足迹遍及大半个山西。刘洪阕任职山西期间，留下《宦晋诗草》，对三晋大地的风土人情多有描述。离任时，和顺县绅民更是献万民伞长途相送。又如晋中军区独立旅旅长王耀南，曾为安源工人的他，在抗战期间，在山西境内汾离公路阻击战、正定铁路破袭战、黄崖洞保卫战等重要战斗中屡立战功；在解放运城、临汾和太原的战役中，更是依靠坑道作业，攻克了许多堡垒。2016 年清明节，我特地来到太原解放纪念馆凭吊，并在密密麻麻的人名墙上，找到了王耀南的名字。

2016 年 4 月，郑振满老师来中心，先后做了两场学术讲座。在报告中，郑师提到 20 世纪 80 年代在傅衣凌先生的指导下，跑遍福建各地的图书馆、档案馆、史志办等公藏机构进行资料普查，还深入一些村庄进行田野调查。导师的专注与敬业精神，激励着我走向田野、深入民间。在与郑师的交流中，他勉励我在做好博士论文的基础上，更好地去熟悉山西区域社会史的研究路径，发挥民间文献研究的优势。6 月，我申请的《晚清民国萍乡煤矿产业契约研究》获教育部人文社科青年项目支持。于是，我在整理博士论文的同时，从阅读山西地方志和碑刻资料集出发，逐步着手山西的研究。9 月，行老师宣布中心将于 2017 年召开一次北方边塞的会议，要求每位老师都提交论文。

为了较好地完成这次任务，我选择从阅读乡贤贺澍恩编纂的《浑源州志》开始，寻找写作的灵感。通读明清《浑源州志》，发现浑源方志编纂的两大特点：1. 明清易代之际即有方志的编修。2.《浑源州志》与《恒山志》是同步编纂，与一般的山志编纂不同。在文本阅读的基础上，完成了《明清易代之际的方志编纂与地方社会：以浑源州为例》，提交"长城内外：历史时期中国北方边塞地带的人群、生计与社会进程"会务组。为了更好地了解浑源的人文风貌，在会议前一周，我特地跑到浑源和恒山进行了一次实地考察。在浑源期间，得到了萍乡老乡的热情款待，还结识了地方文史工作者韩众城先生，从此音问不断。2017 年 8 月，会议如期召开，这篇文章得到了台湾中研院邱仲麟老师的鼓励，中央民族大学李鸿宾老师给予了热情的点拨，尤其是行老师的热烈赞许，让我深受激励，感佩莫名，成为记忆中十分愉快的参会经历。

北方边塞会议结束不久，周亚兄便邀我参加 9 月份山西大学历史文化学院举办的社会经济史会议。我将阅读山西碑刻集的经验与煤炭史研究结合，较短时间内完成《风水话语与煤炭禁采：清代晋东南煤禁碑生成研究》一文。这次会议上，厦门大学王日根老师、张侃老师与会。在会议间隙的聚餐中，张侃老师说："看来曾伟已经很好地适应做山西历史的研究。"这番肯定与赞赏，让我备感温暖。

在家乡情怀之下进行的山西研究，实际上也让历史研究与现实生活紧密地联系在一起，并因此与一些地方文史界的朋友结缘。2017 年 6 月，我在晋祠抄录碑文，偶然发现圣母殿正殿楹联"沛泽共汾川，十里稻畦流碧玉；剪圭分参野，千年桐荫普黎甿"，正是同治年间担任太原县知县的贺澍恩所撰，十分兴奋。我将此发现告知萍乡的师友，并被贺氏宗亲知悉。2018 年 4 月，贺画春、贺文成两位老先生为编修族谱，不顾70多岁高龄，从萍乡启程来山西寻访先祖贺澍恩仕宦的足迹。他们从北京进入大同，然后来到浑源，受到韩众城先生一家人的热烈欢迎，并在他们的帮助下找到了"贺公渠"的旧址。来到太原后，我带他们先后走访了晋祠、太原古县城、闻喜、稷山、曲沃等地。在晋祠，我们还发现贺澍恩之子贺培芬曾在吕仙阁留下"尘世荣华皆梦后，仙人楼阁在空中"的翰墨，可惜因深藏博物馆库房未能见及。在闻喜县发现贺澍恩撰写的墓志铭。在曲沃我们找到了"贺家坟"的线索，传说贺澍恩担任曲沃县知县期间，捻军来袭，贺澍恩率家人严守城池，家人多有牺牲者，丛葬于当地，故名。在稷山，我们参访了稷王庙，未能发现贺澍恩的线索。不过奇妙的是，不久之后，稷山县文史工作者黄建中先生联系上我，并奉送影印本乾隆《稷山县志》，初次见面相谈甚欢。而我则在阅读山西方志中发现关于稷山刻工的线索，于是就有了第一次稷山之行。那次考察后，蒙黄建中先生厚爱，嘱我为他编写的《稷山历史文献粹编》写序，勉力为之。稷山诸友的热情与友好，让我此后多次赴稷山考察都有一种宾至如归的感觉。家乡情怀不仅是在他乡寻找故乡的踪迹，也是在故乡寻找与他乡的联系。比如我撰写《乾隆〈萍乡县志〉研究》一文（《中国地方志》2019年第5期）重要的原因就是纂修者是乾隆年间担任萍乡县知县的山西晋城人胥绳武。可以说，家乡情怀既让我增加了对故乡名物的理解，也增进了对山西这片土地和人民的感情，更激发了我走向田野的信心和动力。如果在我有限的生命里，能够走遍山西，并为山西区域社会史研究尽绵薄之力亦属莫大的荣幸。

三、教研相长

"师者，所以传道、授业、解惑也。"作为大学教师，站好三尺讲台，既是本职工作，也是使命所在。于我而言，讲课既是向学生传授知识的过程，也是自我学习和破疑的过程。历数入职以来讲授的课程，与中心胡英泽、张俊峰等老师共同承担本科实践教学课《地方历史文献与文化传承》。在理论讲授中,胡英泽老师在讲述契约文书专题的时候,展示了读博期间在山陕地区考察时,留下的数十本田野笔记,让我印象深刻。在讲授田野调查的课堂上,张俊峰老师兴奋地展示在平遥新发现的水利碑刻和水利契约,喜悦之情溢于言表,令人难以忘怀。理论讲授结束后,我们带学生进行田野考察,并撰写调查报告。学生们撰写的报告,文字虽然稚嫩,但可贵之处在于敢想敢写,每年总能发现不少高质量的作品。2017年3—6月,以实践教学课为基础,我们挑选了2014级10名本科生赴赤桥进行田野考察。在行老师主持和胡老师的组织安排下,与学生们定期召开座谈会,讲授田野经验、讲解考察需注意的细节。由我带队,利用周末的时间到赤桥村进行田野考察。一开始很担心学生们经验不足,不能很好地达到考察要求。不过随着考察的深入,他们会主动到村里找老人聊天探寻村庄往事,会爬上工地的脚手架只为看清楚横梁上的文字,会为了考察仪式而忘记吃饭,甚至主动利用课外时间进行回访。最终,他们出色地完成了考察任务,高质量地完成了考察报告。学生的主动性和创造力,让我切实地体会到郑师所说的"学生教给我们的,比我们教给学生的要多得多。"

在专业课程方面,常利兵老师和我共同讲授《中华人民共和国史》。这种以老带新的授课模式,专题式的讲课方式,教学结合,内涵丰富。课堂上,专题讲授与现场讨论的结合,在锻炼学生文献阅读能力和表达能力的同时,也提升了他们的思考能力。而每次旁听常老师的授课,既是自己了解当代史研究学术前沿的过程,也让我深切地体会到集体化时代农村社会研究的魅力。即使是课间短暂的交流请教,也颇受启发。在自我学习与课程讲授的过程中,加深了我对中华人民共和国史和集体化时代农村社会史的理解。

而在2019年上半年,我受赵中亚老师的邀约,有幸参与了《中国基督教史》的讲授。这门新课的授课,既是新的挑战,也是难得的学习机会。在此过程中,通过阅读基督教文献,并与赵老师交流请教,了解了基督教史研究的动态，同时也学到不少关于山西基督教的新知识。在日常生活的观察中，对于地方上教堂的存在也多了一层留意。

2020 年 9 月，由于郭永平老师去文学院工作，由他主讲的《口述史》开始由我独立讲授。这是我第一次面向中心研究生授课，从课纲设计、案例选择到课程内容完全在摸索中独立完成。美国著名口述史学者唐纳德·里奇说："口述史是历史研究中唯一需要与人打交道的学科。"同样，教学工作也是教师为数不多的能够直接与学生进行互动的机会。教学过程中的成就感，来自学生们认真和用心的倾听；肯定和赞许的眼神；以及真诚和坦率的提问。口述史的教学工作，让我在田野考察过程中有意识地不断积累口述经验，增进对地方社会和民间历史文献的理解。深入的教学过程，很容易就能发现自己在知识结构上的盲区和短板，并成为自己恶补学习的契机，由此能深切体会到"教学相长"的内涵。古谚云"艺多不压身"，在教学实践过程中，不断地与自己的研究领域相结合，拓宽研究视野、拓展研究路径，最终达到"教研相长"的目标。

"铁打的营盘，流水的兵"，凝视中心师生的合影，一年又一年，鉴知楼迎来了一级又一级学生的入学，也见证了一届又一届学生的毕业；光影记录了难忘的瞬间，光阴留下了记忆的年华，不变的是刻在骨子里"走向田野与社会"的情结。

从遥望到相守：我与中心的缘分之旅

韩　祥①

　　距 2022 年山西大学中国社会史研究中心三十周年华诞的大日子越来越近，我的内心充满了期待与激动，同时又有一丝紧张感。激动，因为这是我 2015 年入职中心以来第一次参与盛大的所庆活动，能够与中心师生及学界前辈、历届校友共襄盛举，实为人生一大幸事；紧张，则是因为我将本次盛会作为对自己在中心工作的一次检阅，重新审视自己学习、工作与成长之路是否达到了入职时所定的目标，扪心自问还有多少差距。借此机会整理思绪，将自己求学以来与中心冥冥之中的丝缕关系串联起来，能够深切感受到自己已从只能遥望的"旁观者"变成了相知相守的"家里人"，学术、工作与生活相融于斯，也成长于斯。

　　老实讲，我知晓山西大学中国社会史研究中心的名号比较晚，大概是在河北大学历史系读书的大三下学期。2007 年上半年，我选修了范铁权老师讲授的《中国近代教育史》课程。当范老师讲到近代高校教育模式时，专门论述了课堂教育与社会实践相结合的重要性，并由此提到当时的山西大学历史学非常有特色，因为有个专门的研究机构——"中国社会史研究中心"鼓励师生走向田野，进行大规模的社会资料调查，而且中心负责人、时任山西大学副校长的行龙教授能够

① 韩祥，山西大学中国社会史研究中心教授。

发动全校学生搜集史料，尤其是岌岌可危的农村档案资料，实现了课堂与社会的完美结合。听闻于此，我对当时还非常陌生的"社会史研究中心"感到由衷的钦佩，当然更多的是惭愧，因为此时自己还没有真正触摸过图书馆藏的一手文献，而山西大学的学生却在发掘藏于民间的一手史料。在相当程度上，这件事使我的自尊心仿佛被针扎了一下，鞭策我积极主动找关系，混进"教师阅览室"，抄阅感兴趣的原始史料，以寻找毕业论文选题。可以说，推动我走上学术道路的各种因素中，"中心"的刺激是重要一项。

此后，经过考研初试与院校复试的层层选拔，2008 年 9 月我进入中国人民大学清史研究所成为一名硕士研究生。入学后的第二个星期所里公布了导师分配方案，我有幸成为杨剑利老师的开门弟子。爱笑的杨老师文质彬彬、和蔼可亲，初次见面便请我和另一位同门学生下馆子。聊天中得知，杨老师原来是山西大学历史系 1992 级本科生、中国社会史研究中心 1996 级硕士生，而且硕导是大名鼎鼎的乔志强先生，遗憾的是乔先生于 1998 年仙逝，之后在行龙老师的指导下取得硕士学位。杨老师讲到，乔先生是一位博学笃行的大家，有时去乔先生家接受论文指导，能够看到他一边照看孙辈孩童，一边还手不释卷的温馨场景。算下来，杨老师应该是乔先生指导过的最后一位女弟子，当时我瞬间感到自己与乔先生及社会史中心的距离拉近了许多。

在清史所读书期间，经常耳闻一些所里流传的名人逸事，其中一则便与行老师有关。1990 年代的博士生可谓是加强版的天之骄子、凤毛麟角，而以教授身份考博深造者更是寥若晨星、难能可贵。后一种情形恰在清史所 1995 级的博士生中出现了，并成为所里流传至今的佳话。我入学后对此也有耳闻，但并不清楚是哪一位教授博士，随后在参加所庆活动时（2008 年 9 月 20 日）得到了一本内部编印的纪念文集《我与清史所——写在清史所成立三十周年之际》，我对此爱不释手，通读了每一篇文章。其中，在读完一篇题为《我的老师戴逸先生》的文章后，我才恍然大悟，原来那位著名的教授博士就是文章作者——

行龙老师。行老师在文章中提及自己是 1994 年被评为山西大学教授，第二年考入清史所读博，师从戴逸先生。事后得知，行老师当时作为山西大学最年轻的教授并不安于现状，而是追求卓越、继续求学，个中缘由固然有清史所作为学术殿堂的吸引力，但更多的则是自己永无止境的学术追求与精益求精的治学态度。这使我对行老师及其领导的社会史中心肃然起敬，并萌生了日后前往拜访的想法。谁能料到，十年之后，我竟能与行老师作为校友一起乘高铁赴京，参加 2018 年清史所的四十周年所庆，庆典中行老师作为唯一的毕业生代表发言，其满怀深情地表达了对清史所和戴逸先生的感恩与祝福，引起全场共鸣。会后返并的路途中，我与行老师在车上并排畅谈，专门提及"教授博士"的佳话，行老师说其实自己当时并未想太多，只是感到自己学问做得还不够，需要到最前沿的学术机构学习、充实。尽管行老师说得很随意，但我却深切感受到了一位学者的谦逊与质朴。

2009 年上半年，出于好奇，我选修了夏明方老师的《环境史》课程，并由此开展了生平第一次社会调查，而这与中心另一位老师的刺激密切相关。开课后，夏老师除指导我们阅读国内外经典著作进行课堂讨论外，还要求每位听课者写一篇与环境史相关的研究性论文，鼓励我们从自己的家乡做起，并在回老家时进行社会调查，搜集各类史料。看到我们面露难色，夏老师专门举了山大社会史中心胡英泽老师撰写博士论文的例子来鼓舞我们。夏老师讲到，胡老师有关山陕黄河滩地的博士论文就是沿着家乡永济市的黄河一路走访、调查而写出来的，除了查阅地方档案馆所藏档案外，更多的是从田野调查中获得的鱼鳞图册、碑刻资料，并以此为基础形成自己的解释框架与新观点，与学界久负盛名的"关中模式"进行对话、辩论，产生了很大的学术影响，是从地方高校成长起来的优秀青年学者，也是我们的榜样。闻听于此，我感到非常吃惊，没想到田野调查竟有如此魔力，可以支撑起博士论文的写作。胡老师的名字也印在了我的脑海中，虽然课后未能在网上检索到他的博士论文或专著（《流动的土地：明清以来黄河小北干流区域社会研究》，北京大学出版社 2012 年版），但查到其博士期间在《近代史研究》《中国史研究》发表的系列论文即已令我倍加叹服。在此刺激下，我决定以河北安平老家滹沱河与特色产业（丝网）之间的互动关系为切入点撰写课程论文，并开展史料搜集与田野调查。然而，尽管我也沿家乡滹沱河考察河道遗迹、庙宇碑刻，去县档案馆查档，采访村中老会计与丝网厂主，录制高寿老人对水旱灾害与生存技巧的回忆，但终究成果有限，民国及之前的田野资料收获寥寥，最后完成的课程论文仍以现存几种地方志为主体史料。自己这段学术刺激下的田野经历，虽有"东施效颦"之嫌，却仍不失为个人田野调查的"首秀"，尤其是体会到了民间田野资料搜集之不易，而像中心老师能收集到成序列的乡村系统资料更是难上加难，若无持之以恒的坚强意志，势难做到。

在读研过程中，我的学术兴趣愈发浓厚，故在研三上学期申请了硕博连读。承蒙夏老师不弃，我于 2011 年 9 月升级为清史所的博士生。夏老师严谨的治学态度与细致的解惑指导，推动我在浩瀚史料与经典著作之间形成学术反思能力，并带领我真正走进了充满"华山论剑"的学术圈。其中，参加高水平的学术研讨会便成为我近距离接触学界前辈的重要窗口，这里面就包括从社会史中心走出的学者。2012 年 12 月，我随夏老师前往河南南阳参加第九届灾害史年会，拿到会议手册后发现社会史中心的郝平老师也来参会，这让我非常兴奋。因为我提交的会议论文为《灾荒中的银钱比价变动及其影响：以"丁戊奇荒"中的山西为例》，而郝老师的新著《丁戊奇荒：光绪初年山西灾荒与救济研究》于该年 5 月由北京大学出版社发行，我正好可以向行家请教，对文章进行有针对性的修改。第二天去会场的路上，我锁定郝老师的位置后便走过去打招呼，由于这是我首次接触中心老师，心中不免有些紧张，没想到郝老师等我自报家门后便说已读了我的文章，称赞写得有锐气，补充了现有研究的不足，并从史料筛选、数据统计方面提出了很好的修改意见。这次碰面使初出茅庐的我备受鼓舞，也推动我继续深化灾害史与货币史的融合研究。也是在此次会议上，我认识了曾受业于李文海先生的赵晓华、周琼、贾国静三位老师，她们还半开玩笑地让我叫"师姑"。其中，中国政法大学的赵老师专门强调她可是我的"亲师姑"，因为她不仅是夏老师的师妹，也是杨剑利老师的师姐，曾是山大社会史中心 1993 级硕士，师从乔先生。这使我产生了一种"祖国处处有亲人"的感觉。2013 年 5 月，我在夏老师指导下撰文参加由人大生态史研究中心主办的"旱暵水溢：世界历史上的河流、洪涝与旱灾"国际学术研讨会，意外发现社会史中心的胡英泽老师也在会场。欣喜之余，我忙趁茶歇时间主动向胡老师请教论文写作与资料调查的问题，胡老师很热情地向我介绍了自己的经验，并建议我要重视华北乡村民俗史料的搜集，其中不少内容与灾害、货币相关。胡老师的建议坚定了我到山西、河北进行资料调查的决心，而社会史中心便是重要一站。

2013 年 12 月，筹备已久的资料调查计划终于付诸实践，此程主要包括太原、石家庄、保定三个城市，夏老师还嘱咐我要到社会史中心拜访、学习。其中，首站太原是此次调查的重点，我借住在已成为山西大学教师的好友乔松林家，先后考察了山西省档案馆、山大社会史中心与历史文化学院、晋祠博物馆、太原市档案馆、山西省图书馆等处。考察过程中，见到的第一位中心老师是在省档偶遇的张俊峰老师。当时经刚认识的山大历史系博士生郝东升引见，我方知正带领学生查阅档案的学者是张老师。张老师很热情，主动与我握手，并介绍了省档资料的特点，并提及与我博士论文相关的晚清北洋资料很少。闻此，我虽感到比较失落，却感动于张老师的热忱与坦诚。这件事很小，可能张老师已经淡忘，但我一直铭记着对我的助力。尤须提及的是，在我联系郝老师、胡老师提出拜访的请求后，当天晚上两位老师联系饭店请我吃饭，同往的还有我初次见到的向晋卫老师和中心常利兵老师，此外乔兄联络的在山大工作的数位人大校友也来聚会，大家济济一堂，畅谈良久。记得，常老师发现我沾酒后脸色通红，还好意为我挡酒，让我少喝，使我能够头脑清醒地与大家聊天。这次会面，让孤身在外访学的我有了"回家"的感觉，也对山西学者的好客与朴实有了更深的了解。第二天，我在胡老师的引领下第一次参观了中心资料室、档案室与展览馆，密排的各类藏书、层层累积的档案柜、富有时代气息的农村社会展览馆让我大开眼界，尤其是中心师生在历次田野调查中抢救出来的大量农村档案让我懂得这是一项功德无量的事业。而中心老师把论文写在三晋大地上，但学问又不限于娘子关内的气魄，使我明白中心是一处做学问的绝佳之处，便有了心向往之的情感。

随着博士论文写作的推进与毕业论文答辩的临近，自己的毕业工作问题便提上了日程。除了每日在宿舍奋笔疾书外，登陆"高校人才网""高校教师招聘网"便成为自己的一项例行公事。当我看到山西大学的招聘信息中列有中国社会史研究中心时，便毫不犹豫地将简历投到了相关网站，一方面是因为之前的接触已使我对中心有了强烈的认同感；另一方面也缘于我博士论文所研究的华北小额通货正是以河北、山西为核心地域，与中心的研究方向相近。2015 年 1 月下旬我接到山大人力资源处的面试通知，订好高铁票后，于 2 月 1 日上午赶到太原，下午与同来应聘的厦门大学曾伟兄一起去中心拜见行老师。虽然这是我第二次来中心，却是第一次面见行老师，心情很激动。开门迎接的胡老师把我们带到了二楼办公室，而行老师早已起身相迎，微笑着招呼我们坐下，这使我紧绷的神经顿时松弛下来。了解完我们的基本情况后，行老师介绍了中心的发展状况与对应聘人员的要求，并勉励我们以平常心对待面试，课程试讲与学术汇报时不必紧张。行老师的勉励使我放平心态，顺利完成了第二天的面试。老实讲，这是我求学以来第一次参加正式的毕业应聘，可谓意义重大，此后虽然也有其他高校的应聘或博士后机会，但中心对我的吸引力消解了我参加其他面试的动力，从而使此次山大之行也成为我的最后一次面试。4 月，我收到被山大录取的通知后，第一时间分享给夏老师，夏老师听后也很高兴，让我后面安心修改论文，准备好 5 月下旬的毕业答辩。待答辩顺利通过，我开始整理自己的各类藏书，至6月中旬，共打包17箱，花费1500元邮寄到了山西大学，并在乔松林兄的帮助下搬到了我预先租下的山大家属楼，据说乔兄因此歇了两天才恢复元气。6月下旬的一天，我和杨剑利老师一起拜访了首都师范大学的魏光奇教授，除了感谢魏老师对我的论文修改提供过宝贵意见外，还因为魏老师曾是山西大学历史系1978级硕士，他告诉我，作为当时的首批研究生并没有固定的导师，而是由资深教授组成的导师组来指导，其中便有乔志强先生，所以他也是乔先生指导过的学生。拜别时，魏老师鼓励我在社会史中心要踏实努力、做出成绩，并向我赠书两本，其中《官治与自治》一书的后记还专门表达了对乔先生的怀念与感恩之情。在我离京前夕，夏老师夫妇与我的师弟师妹们组织了一次师门聚会，一起为我践行，夏老师告诫我工作后切勿懈怠，在中心要多学习、补短板，闯出一片天地。记得当晚下起了暴雨，我回望雨中的人大夜景，向七年的硕博生涯作了告别，感谢并牢记恩师的嘱托，开启新的人生征途。

2015年6月29日，我离开人大奔赴山大，当天办理了入职手续，完成了由学生向老师的角色转换，与中心的关系也出现了从"旁观者"到"家里人"的蜕变。入职后，行老师曾找我单独谈话，表达了对我工作与科研上的期望，一方面要积极参加中心的田野调查工作，掌握田野资料的搜集与解读技巧；另一方面要把自己的研究与中心的研究方向融合起来，创作出具有中心特色的科研成果。对于行老师的建议，我深以为然，这也成为我工作后的努力方向。限于篇幅，我仅从这两个方面对我近七年来的工作情况进行简要总结，以作为本文的结束语。

加入中心团队进行田野调查，是我入职后参与的首项工作，也是我在中心培养下取得较多进步的地方。2015年7月4日，行老师带领中心师生40余人乘车来到晋祠镇赤桥村考察，这是近代山西著名乡绅刘大鹏的故乡，也是与中心长期保持合作关系的传统村落。在村民喜庆的锣鼓声中，双方共有的"晋水流域田野工作坊"正式揭牌，此后赤桥进一步成为中心接待国内外学者访问、讲授本科生实践课程、采集乡村口述史料的重要站点。我此后在数次参与赤桥工作坊的过程中明白了：持续的田野调查需要团队协作，不是个人单打独斗所能完成，而且田野工作需要遵行方案设计、物资准备、人员分工、资料分类、整理录入等一套专业化流程，并非简单地走村串户、拍照录音。此后，在 2015 年 8 月的浮山调查与 2017 年 10 月的绛县调查中，我被委以重任，成为带队老师之一，带领学生深入村镇、细致走访，通过实践提高了自身的田野工作能力，我所带队的小组成果也有了明显提高：从 2015 年收集的各类资料 1.5 麻袋增长到 2017 年的 7 麻袋。当然，成果的多少存在地域风气、资料保存优劣的差异，但自己在跟随中心调查学习过程中确实掌握了基本的方法技巧，从一个门外汉跨入了门槛之内。而且，自己的研究也开始较多地利用碑刻、契约、账簿、家谱等田野调查中得来的民间文献，并与自己研究生期间搜集的官方档案相结合，从而提升了论文写作的扎实程度。

在科研方面，我入职后其实经历了一段迷茫期，无法找到既重视运用官方档案又充分吸收民间文献之间的平衡点，论文写作中经常顾此失彼、陷入停滞。非常幸运的是，中心的"鉴知青年学术工作坊"制度为我的研究带来了突破。自 2015 年至今，我在工作坊已做了 8 次学术报告，每次均将自己研究的心得与困惑分享给中心老师，而各位老师坦率的批评与精到的建议经常赋予我意外收获，有种"一语惊醒梦中人"的感觉，甚至不少老师将自己珍藏的民间文献无私地与我分享，使我逐渐走出困境，并提升了学术活力。可以讲，我在工作期间发表的所有专题论文均提前在工作坊中做了报告，依据中心老师的批评意见修改后才进行投稿，所以，自己的些许成果其实是中心老师群策群力的产物。同时，身在中心愈久，愈有种对山西文献与山西史选题的高度敏感性，这也是行老师期望我有所作为的领域。经过较长时间的写作与修改，我的《铜元何以占领农村：清末民初华北小额通货的流通与更替》与《近代山西城乡货币体系变迁初探》二文终于在2020 年的《历史研究》与《史学月刊》上发表出来，二者均涉及货币流通变动对山西城乡社会的影响问题，虽然相关的概念体系还不甚完善，但终究是自己迈向区域社会史的重要一步，也是对自己阶段性努力的一次总结，整装再出发。

行文至此，不得不搁笔了。从 2007 年知晓中心算起，至今已有近十五年的光阴，独特的境遇与奇妙的缘分，让我与中心的关系从"遥望"走向"相守"。若从 2015 年入职中心算起，工作至今的近七年时光中，我从中心大家庭学到了太多、收获了太多，各位老师也都给予过我太多的包容与关照，在此需要郑重道一声感谢，除了前文提到的行老师、郝老师、胡老师、张老师、常老师外，还有马维强老师、李嘎老师、赵中亚老师、冯艳花老师、曾伟老师、贾登红老师、郭心钢老师、张力老师，以及曾在中心工作过的郭永平老师、王帅老师。希望中心在今后的征程中取得更大的成就，昂首阔步迈向下一个十年！

三十而立　田野"生文"

贾登红①

鉴知楼外的玉兰经历了一春又一春,每当新春悄然而来的时候,总是会繁花满枝,映衬与活泼了校园里的人间好时节,也芬芳了鉴知楼里的人和事。这是我所熟悉的地方,也是我们的安身立命之所,楼名"鉴知",以彰史学之功效,以明中心学人之素志。在玉兰的陪伴下,鉴知楼里栖居着一群学人的梦想与希望,这是他们心中最温暖的所在,也是他们生活得以前行的所依。

只有回首过去,我们才知道自己已经走出了多远。自 1992 年山西大学中国社会史研究中心建立至今,寒来暑往,倏忽已有三十载,虽偏居一隅,但也日积跬步。三十年来中心学人在学术研究上的"星星之火",却也可以在学界和脚下这片扎根的大地上"聚善成光"。

在中国人的传统观念里"三十为一世,而道更也"。仰首是春,俯首是秋,在这三十年的春秋里,中心在研究主体、研究对象乃至研究观念与研究方法上均发生了全方位、深层次的转变;在中国社会史研究领域中自成体系,积极与国内外相关学者对话,逐渐形成一套自足的方法、问题与研究领域;无论是资料的发掘与公开出版还是研究广度与深度的扩展,也都取得了可喜的成绩,不仅形成了可观的知识积累,而且内在的超越和外在的突破也在不断发生。

---

① 贾登红,山西大学中国社会史研究中心副教授。

爱默生有言"一所大学是一个人延长的影子",于一所中心而言,更是如此。这里延续着乔志强先生的影子,也延续着行龙师乃至中心各位学人的影子,弦歌不辍,已然是四代学人。其中,既有相互师承者,也有名校前来者,天南海北,汇聚成了"我们"!

我们是一个群体。

我们又不只是一个群体,我们组成了中国社会史研究中心。

一所中心的学术与温情,往往见微于小,彰显于大。"三十而立"言之于中心,又何尝不是言之于人的呢?毕竟,一所中心的历史,其实就是身处其中人的历史。匆匆岁月,转瞬即逝,2019年8月入职中心,至今已然两年,但又何止两年? 2008年步入山西大学,2012年有幸得行龙师及诸位老师的肯定得以在中心入读中国史硕士研究生,毕业后,又得行龙师推荐到南京大学深造,进进出出,最后又回到了自己学术人生的起点,冥冥之中似有宿命,却也是必然,因为这方水土养育了我,我的学术之根扎在这里。

温不增华,寒不改弃。自己已然三十余岁,过了"而立之年",但若要立得稳,就离不开脚下的这方土地。现实世界是本无字之书,你需要对它有所了解,才会激活各类文献史料,发现其中所蕴藏的各类历史信息,也才能不断填补文献之间的缝隙和漏洞。

依稀记得,自己第一次参与田野调查是在2012年,地点是昔阳县。昔阳,曾因一句"农业学大寨"而荣耀了一个时代的记忆,汇聚了一个国家的"目光",至今依旧"散落着一地"的集体化时代的档案。当时,在行龙师既定的以山西县域为单位"地毯式"抢救搜集行动安排下,由郝平老师带队,我们一行十人,为了那些珍贵的档案而奔赴于此,行走在巍巍的太行山与清澈的松溪河水交织的田野山色间。翻开当时所写的调查文档,还能看出初识田野滋味的快乐与幸福。

> 每当造访一个村落时,心中总是颇为激动,在表明身份与目的之后,就赶紧问乡亲:"你们的村委会(大队)在哪里?""村

里的老支书、老村长还健在吗？家住哪里？""村里有没有什么庙和碑刻？"如果说，什么是田野之中最幸福的"时刻"，那便是每每跟随老乡，看到厚厚尘土下珍贵的档案的那一刹那，仿佛今生的追寻，都在此刻。一路上，伴着我们的除了山里的风与身后的影子，还有同伴之间的电话，相互报告着自己的收获，拼比着劲，分享着彼此的高兴。我们一行人在车上，都幻想着，如果能把这辆商务车塞满，我们走路回去，也值得；如果能让我们再租一辆车，去携带档案，那就更美妙了……

历史很遥远，田野却很近。入读中心之后，类似的调研活动就更多了，无论是中心组队的集体调研抑或是自己独自的调研，及至今天作为一名教师带队进行的田野考察，都让我的每次出发与回望"枝繁叶茂"，既增长了自身的学术，又丰富了个体的感知。

尘封的往事里，总有我们今天的气息。在我为硕士论文进行田野调查的时候，便发现：走访的时候，要不光奔着目的地，也要处处与人为善，须知"生活处处留意皆学问"。在田野走访的时候，要多与人沟通，有可能你同某个人说一句话，便多一份史料。譬如，我在为寻找资料而走访汾阳政协时，偶然间看见几位老先生在"老年大学"里聊天，便敲门进去，同他们聊天，果不其然，他们的脑海中多有一些老的而未书写的地方知识和熟人脉络，不仅热情地给予赠书，还无私地帮助我联系他们所知道的线索和熟人，推荐我过去访谈。

当然，田野调研的过程并非一帆风顺，也总会碰到各种阻碍。我在某县档案馆调研的时候，一进入对方办公室说明来意后，对方便直接开口说没有，无论如何解释来意，对方都咬定他们这里肯定没有我需要的资料，直接送客。我们的古人常说"穷则变，变则通，通则久"。对此，我也只能采取以退为进的办法，第二天又提着水果前来，早早地到办公室门口等待，表明了自己不看到资料誓不罢休的决心，而在这样一次次的努力中，对方或是被我们不胜其扰而"投降"，或者被我们持之以恒的决心所感动，从而让我们向自己所需要的资料走近。

我想，做田野的艰辛或者不如意，都是暂时的，诗人普希金不就曾说过"一切过去都会成为美好的回忆"，事实也确实如此。那些过往的田野记忆，现在想来都让人回味无穷，其中的酸甜苦辣也都变成了记忆里温馨的回忆，让我们的人生或者学术经历得以厚重。

所以，我也常常认为田野调查的过程就是我们对生命体悟的过程，人生的美好与生命的厚度往往在行走中才能呈现。翻检自己求学工作以来的文档，沁水流域的一篇田野调查日志中的描写至今读来依然觉得时光总是撩动人心。

> 那里的土地历史浓郁而深厚，随便一眼，便是百年，一处处古民居随地散落，令人叹为观止……数不胜数，只要你沿着沁水而行，就会发现那或隐秘世间，或声名显赫的村落，行走于其间，仿似落进了明清的画卷之中。夕阳西下，将人的影子拉得长长的，投射到了背后的青砖铺就的村落里的街巷上，远处村落中老人们吧嗒吧嗒抽着旱烟，围坐在村口，说道着些家长里短，一个小女孩穿着艳丽的长裙跑过，蓦然间，感觉历史的百年就这么一晃而逝。

生有涯，而知无涯，幸而自己在田野调研的过程中坚持作了日志，随手写下了这些感悟，不然，这些美好或者今日看来有些幼稚的文字也是难觅踪迹的。

向前一步，为学术；退后一步，为生活。学术与生活总是交织在一起的。类似的体悟与感受在田野调查的过程中不胜枚举。"我所做的一切，是何等微不足道。但我去做这一切，却是何等重要。"这句伏尔泰所说的话语时常在我的耳旁响起，人不可妄自菲薄，对于这个社会、国家，我们做的一切，也许是微不足道的，但是只要我们去做，就必然能带来改变，哪怕这个改变仅仅是改变了自己，这也是值得的，走向田野与社会，其实就是走向学术与生活的一条良路。

历史并不苍白，当你深入其中时，便会聆听到她的心跳。身在高校的我们，尤其是研究人员，如果没有深入田野访谈以及对历史的回顾，那么做出的学术必然也是没有温情的、干瘪的学术。

走向田野与社会是中心三十年发展的底色，也是我们每个身处中心的师生在从事社会史研究过程中的一种学术追求和实践。做田野的滋味，也只有做过田野的人才能感受到。"多情应笑我，早生华发"，其间虽多艰辛，但回味时却甘甜无限。当然，也正如行龙师所言："社会史研究者要走向田野与社会，并不能被简单地视为身处乡野即是我们所追求的田野调查，而是一个发现史料、发现问题、发现历史的综合作用的研究过程"。

三十而立，三十而思，田野"生文"，诚是如此。

中心者之所以为中心，就在于我们是一个团队，有着共同的目标与学术理想。显然，相较于交通便利、新思想激荡的沿海地区，中心能从偏安一隅到全国知名的社会史研究重镇，诸位老师的研究专著能图书盈架、气息满屋，是实属不易的。我自己在外读书求学或者参加学术会议时，如果对方得知我是从山西走出来的，有过山西大学中国社会史研究中心求学的经历，总是会不由得眼睛一亮，说他们知道这个地方，搜集了很多档案资料，做水利社会史、集体化的研究十分出色……每每听到这样的言论，我的内心也不免自豪，这是以行龙师为代表的中心学人群体辛劳付出的所得，也是他们在风云激荡的学术浪潮中能始终站在学术前沿做研究，能在周遭浮躁、急功近利的社会环境之中，安守本心，始终立足于三晋大地，放眼世界学术潮流所得来的。

没有跬步，哪有千里？在中心，行龙师一直谆谆告诫于我们青年教师在日常的研究、教学中要做到"教研相长"，既要立稳三尺讲台，也要文章"朱墨灿然"。教与研，并不是非此即彼，冰炭不可同炉，恰恰相反，是不可分离的一体二面。我想，中心的诸位老师之所以能在社会史、区域社会史研究的很多方面开风气之先，也是与他们十分注重教学工作密不可分的，正是在教学工作中的讨论，推动了中心在社会史研究上的不断前行。

对历史而言，一文一字皆汗水，一句一词皆实功。"水之积也不厚，则其负大舟也无力。"行龙师对我们常说做历史研究，没有什么诀窍，唯有"多读书""要坐得住""走向田野与社会"才能做出一点成绩来，这句话实乃良言，当然，我多有愧之。唯望在下一个十年中，全力以赴，奋力有为。

"三十年来事事新，吟成诗句定惊人。"鉴知楼里的故事，说到底是这里来来往往师生们的故事。回顾过去三十年中为我们带来感动、自豪或者遗憾的故事，归根结底，是这所中心普普通通师生的故事，引起共鸣的是我们内心潜藏的梦想和对学术的敬畏，百余名师生可贵的人生经历交汇在一起，在这里形成了一股奔涌的激流，最终凝聚成三十年来我们这所中心对生活、梦想、青春、学术、社会与国家的答案。

师度・自度・度人

——在中心问学与成长的一段小结

郭心钢 [①]

2022 年，中心将迎来她的三十岁生日。

作为中心大家庭里的一名新人，我是沐浴在"社会史重镇"的春风中成长起来的。多年来，耳濡目染、躬体力行，"既不妄自菲薄，也不妄自尊大"。仰视着悬挂在走廊墙壁上的一张张黑白色影像，触摸着档案室里搜集保存的一沓沓泛黄的文献资料，那种扑面而来的历史感、厚重感，不禁让人感慨岁月的匆匆流逝，感叹几代学人凝心聚力坚守的一摊事业。对于刚过而立之年的我而言，恰能切身体会其中的不易。

2009 年 9 月 5 日清早，坐了一夜绿皮火车的我，来到山西大学初民学院报到，开启了令人向往的大学生活。入校第二天，我随班集体参观了校史展览馆。8 日上午，学院一百余人聆听了行龙老师为我们特意准备的校史讲座。那时候，行老师是学校副校长，也是学院的名誉院长。讲座最后，行老师期望刚入学的我们在大学里认真做好三件事，一是"珍惜时代"，这是社会给予的条件；二是"志存高远"，这是奋斗的目标；三是"勤奋努力"，这是实现目标的途径。是啊，只有志存高远，并且刻苦勤奋的人，方能不负青春，不负时代。

---

① 郭心钢，山西大学中国社会史研究中心讲师。

　　8 号当天下午，学院又组织我们来到鉴知楼，参观中心的"集体化时代的农村社会综合展"。那时候，自己对展厅墙壁上的图片文字尚无直观的"兴趣"，倒是摆在角落里的那些实物器具引来了我的注意。其中，有耧、木铣、簸箕、铡刀等，杂七杂八，都是农村生产生活中时常用到的物件。作为从农村走出来的孩子，对这些熟悉的东西显然有一份潜意识里的亲切感。也许正是受这份"好奇""亲切"的驱使，我站在后来才知道是扇车的大家伙什旁边，让同行的室友帮着拍了一张照片，这算是自己在大学的第一张照片。

　　一次听讲，一次参观，这是我与中心最初的一面之交。

　　按照学制，大三年级，我从初民学院分流至历史文化学院学习，开始接受历史学的专业训练。也是从这时起，我集中聆听了中心老师亲授的区域社会史课程。与以往所学内容因袭较多、略显枯燥的历史教材相比，社会史课堂上丰富生动的内容，令人耳目一新，也引起了我更大的学习兴趣。说社会史是"鸡零狗碎"有失妥帖，但它的确包罗万象。举凡家乡生活接触到的男女老少、桌椅板凳、猪马牛羊，似乎都能进入社会史研究者的视野当中，而化为一则饶有兴味的人文故事。正是源于对社会史课程内容的浓厚兴趣和对区域社会史的粗浅认识，大四第一学期，在具备本校保研资格的条件下，我首先选择进入中国社会史研究中心，又有幸成为行龙师门下的一名硕士研究生。

　　2012 年 10 月保研之后，行老师便要求我们同届保研的七位学生提前接触档案、整理档案，用行老师的话来说就是"摸资料"。这是中心历届学生的必修课、第一课。就这样，在大四学年剩余的多半年里，我们几个多次进到中心二层档案室，系上围裙，戴上口罩、袖套，从一个一个蛇皮口袋里小心拿出尘封已久的历史材料，然后整理干净，摆好顺序，并在电脑上逐个进行归档编目。因为年长日久，档案里夹满灰尘，稍一抖擞，这些颗粒尘埃便弥漫开来，在射进屋内的光束下肉眼可见，然后落在眼前的桌面上，落在对面同学的发梢上。档案里还不乏老鼠屎粒和各种风干的小虫子，几位女生见此情状，不由得惊出几声尖叫。起初觉得，这真是一件脏兮兮的苦差事。

不过，长时间接触这些档案，你难免不心生好奇去翻看那密密麻麻的文字。每次遇见奇怪的物件或是有趣的故事时，大家便拿过来一起分享，一起交流。慢慢地，我开始了解到阶级成分在那个革命年代的重要意义，我也逐渐掌握了"迠"就是"建"，"亍"就是"街"，"仃"就是"停"。不懂得这些，也没办法真正理解那个时代。就这样，你一言，我一语，原先的苦差事变成了欢乐事。后来明白，这或许才是行老师的真正用意，整理档案是其次，更重要的是学生在整理档案过程中，逐渐自觉地去接触史料，摸索历史，寻找历史感，发现研究题目。正是在这一基础训练中，依据这些农村档案，我确定了自己本科毕业论文的选题，并顺利通过答辩。此后，在攻读硕士、博士期间，自己也多次参与中心档案资料的搜集、整理、扫描和编目工作。只有接触的历史材料多了，才能具备快速进入历史情境、发现重要学术问题的敏感。

一开始，根据行龙师建议，我们这一级七位研究生的硕士学位论文均要做口述史。为此，在研究生一年级阶段，中心专门开设了口述史课程，由郭永平老师负责为我们讲授。一个学期过后，我对社会史的田野工作有了基本的认识，也初步掌握了口述访谈的一些实用技巧。于是，利用寒暑假期，我曾在父亲的陪同下拜访村里的老者。当时计划对一个有着丰富经历的老太太做深度访谈，谁料，在第三次前去访谈时，我才得知她已于前不久辞世。这位历史亲历者的历史，随着亲历者本人的离世，也永远变成了历史。我也明白了，做口述就是与时间赛跑，稍不留神，历史就会如流沙般从指间滑落。

此外，我也常独自一人骑车前往家乡周边的村庄考察、访谈，到曲村镇查看各村的历史台账，听白塚村乡民讲述白起的传说故事，在西海村龙王庙观水看碑……只不过，那时的田野和访谈，还是比较浅层的、零碎的，甚至是漫无目的的游逛闲谈。无论如何，与生人打交道时的那种忐忑心情，热情乡亲的坦诚接纳、倾诉，围观群众投来的奇异目光，田间地头的那抹扑鼻草香，一同汇成了我踏入社会史门槛时的田野初体验。

之后的硕博士阶段，我曾随中心师生先后前往永济、浮山、绛县、岢岚等地进行集体考察，并跟在行龙老师、胡英泽老师、张俊峰老师等身边积累田野经验，他们的观察视角、提问方式、交际艺术都是在课堂上学不到的。在绛县时，我还作为小组组长负责了卫庄镇各村庄的考察。这都锻炼了我田野工作的能力，也让我对山西乡土历史有了更深层的理解。同时，也正是在一次次集体或单独的田野考察过程中，我目睹了众多历史文化资源失于保护的堪忧状况，亲耳听闻了成批历史文献资料或烧或卖的痛心结局。回到中心，看着眼前由中心多届师生耗费近二十年所搜集保存的二三百个村庄原始材料，内心忽然有种莫名的踏实，深深觉得这是一件具有重大意义的事业。中华历史文化的赓续与传承，需要一代代学人共同的不懈努力。

在接受口述、田野训练的同时，马维强老师给我们普及了中国近现代史料学知识，尤其对革命根据地文献和中心馆藏档案，他几乎是如数家珍。史料是史学研究的基础，于是我开始慢慢寻摸和积累有关文献材料，并时常向赵中亚老师请教中外文献检索的方法。曾伟老师对民间文献特别是碑刻、契约的解读与利用，给我很多的启发。李嘎老师还专门教我们绘制地图的技术。只因自己不常作图，技术不太熟练，每逢操作时仍需参照课堂上的笔记。在阅读方面，常利兵老师当时要求我们每周读一本书，还在课堂上进行集体讨论，甚至组建了专门的读书会。因为阅读的多是绝版书，市场上很难买到原版，我们就只能复印打印出来，在上面勾勾画画，做些笔记。后来，虽然购买了一些再版书，但是原先的那些复印打印版，我依旧摆放在书柜里，舍不得丢掉。三十年来，中心就像一棵大树，各位老师就是树枝，大树和树枝源源不断地向上输送营养，最后结出了累累果实。

攻读硕士期间，胡英泽老师是我的第二导师。2013 年 7 月，本科刚刚毕业，还未正式进入硕士阶段，我便经胡老师推荐，到上海交通大学参加了第三期中国多世代人口数据库暑期学校。这是我第一次参加专业的学术交流活动，也是我第一次走出山西，去到南方。湿热的空气、敞亮的校园、崭新的知识，青涩伴随着羞涩，一路见闻均让自己颇有感触。不久之后，中心与香港科技大学李中清量化史学团队开展合作，并邀请专家为我们讲授量化史学课程。在工作与日常中，我还常向倪志宏老师请教数据分析技术。受益于此，我初步掌握了基本的量化分析工具，并对量化方法与历史研究的关系问题有了一定的认知。曾有那么一段时期，录数据、跑程序、绘图表占据了自己学习生活的大部分时间。在此之后，学界刮起了一阵计量史学的风气，国家级项目中不少冠以某某数据库建设的名号，学术期刊上也发表了很多基于大小数据库分析的论文。由此亦可见，中心能够敏锐把握学界动态，走在学术前沿。

翻过头来看，最初三年左右的时间里，自己确实掌握到了很多的知识和能力，体会到了一种满满的收获感。技多不压身，这为之后自己顺利开展各项工作打下了基础。不过，总觉得意犹未尽，总觉得距离专业的学术研究还差那么一点点，就像充满力量的拳头最终打在棉花上那样。或许，这就是"英雄气短"吧！

2015年4月，通过硕博连读的方式，我幸运地成为胡英泽师的第一位博士生。犹记得，那是个阳光明媚的午后，我与胡老师在他办公室交谈攻读博士的学习规划。胡老师希望我在接下来的几年里，潜下心来，脚踏实地，读一些经典的书，做一点真正的学问。交谈中间，行老师因事推门进来，又在询问我的情况后，鼓励我跟着胡老师好好做点学问。从那时起，"好好做学问"的种子便在自己的心底生根、发芽，成为我对待知识、对待学术的初心。

中心的学习室空间有限，但是学习环境很不错，要比宿舍好得多。夏天有空调，冬天有暖气，还提供免费的网络和自来水，更重要的是可以就近利用中心的图书室、档案室。胡英泽师常讲,中心是学生的家,不管有事没事，都要守在家里。那时，我有幸在学习室占得一个位置，从硕士守到了博士毕业。

2015 年至 2016 年，我一方面跟着胡老师做些与土地相关的研究，另一方面似乎又对革命史很感兴趣，有空闲时还不忘跟三两同学去跑跑田野、查查资料。看到新鲜的话题，总忍不住去翻翻相关的资料和研究，或是写上一点不成熟的文字。时间就这样一天一天过去，真正拿得出手的成果却是寥寥。师门会上，胡老师常谈治学之道，读书之法。他不止一次地告诫我们，人的精力很有限，一辈子真正能做成的事不多，要守得住初心、耐得住性子，不能四面出击、浅尝辄止，否则哪一样都做不好，哪一样也做不深。他常自嘲多年来的研究不外乎一个系数、一条曲线，但就是在这一块小小的阵地里，胡老师深耕了多年。

水利社会史是中心学术研究的一个重要领域。这些年，在行老师的倡导和鼓励下，中心师生积极开展"以水为中心"的山西区域史研究，取得了一系列的成果。"水利社会史"也成为中心的一张学术名片，为学界所关注。遗憾的是，限于精力，自己虽有一点想法，却始终未能施行。

做学术研究要有感情，"既要有学术的关怀，又要有乡土的情怀"。行老师常说"要从自己的家乡做起"，胡老师也常称自己为"黄河边的孩子"。无论是早期的水井研究，还是之后的黄河滩地研究，胡老师的笔尖都未曾脱离滋养他的那一方水土。2016 年 3 月，我随胡老师到高平实地考察水井。三天内，我们走访了十余个村庄，见到了不同形态的水井水池，听到了与水有关的各种传说故事。一些老乡还热心取来汲水器具，让我们尝一口他们守护着的清冽井水。期间，胡老师上高爬低，只为拍摄一张令他最满意的照片，呈现水井水池在那个季节最美的样子。9 月，当《改邑不改井》一书出版后，胡老师特意赠送我一本，并在扉页上书"凿一口自己的井"，其中深意我自然心领神会。2019 年 4 月，我随胡老师到吕梁地区的黄河沿岸考察，这是我第一次近距离观看黄河。但见黄河大桥下，狭窄河道中，河水滔滔，击石拍岸，后浪簇拥着前浪，顺势一路向南。胡老师拿起手机，在黄河边上左拍右拍，上拍下拍。长于黄河边，年逾四十的胡老师，再次见到黄河，依然激动非常。在这两件——当然不只两件——给我印象很深的事情里，胡老师对待学术的热忱和专情感染了我。

历史研究是一门手艺活，做研究需要学会写作。不同于通常写的一般性散文，学术论文要遵守严格的学术规范，要解决一个学术性问题，要有一定的学术创新，要对学术的发展有所推动。中心历来重视学生培养的质量，胡老师对学生也向来严格，这种严格体现更多的是对待学问的态度，那就是要做有思想的研究，要做精致的手艺人。2016年下半年，在胡老师的指导合作下，我完成了一篇关于近代山西乡村役畜分配的文章初稿。但是胡老师看后不很满意，当即要求我再行修改。我自认为修改好后，再次拿给胡老师看，他仍然说未达要求，被退回重改。如此来来回回，我手上留下的修订版本足足有十二个。一天晚上，胡老师叫我到他办公室，拿把椅子坐在他身旁，然后开始手把手教我如何构思论文框架，如何进行论文的修改和提升。从问题的提出、摘要的写作到行文的逻辑，再到观点的提炼，胡老师均指点迷津、倾囊相授。经过这次长达三个小时的交流，我再一次完善论文，才有了《开放时代》刊载的那篇合作文章。这是我的第一篇学术论文。文章刊发后，胡老师对我语重心长地说，这篇文章发表了，就算入了学术研究的门，以后的路就要靠自己慢慢去体悟了。

中心倡导开放的学术交流，但读博期间我却很少外出参会，少有的几次外出参会经历，都得益于中心提供的机会。2017年9月，借着行老师、胡老师参加"全球视野下的新史学"学术研讨会的机会，我也乘车前往南京大学会场旁听了此次盛会。2018年8月，行老师、胡老师做客重庆大学人文社会科学高等研究院，我也有幸参与了那一届的青年学术研习营。同年12月，胡老师到南开大学参加首届中国史前沿论坛，我又一次坐在会场旁听。2019年10月，我还跟着胡老师、常老师到德国参加了一个当代史研究的工作坊。此外，中心定期举办鉴知青年学术工作坊、鉴知研究生论坛，还不定期举办鉴知名家讲坛，主办、承办各种学术会议。利用这些难得的学术交流机会，自己得以请教学习和研究上的困惑，了解学界的前沿动态，借鉴吸收学界的优秀成果。

学位论文是读博期间最重要的事情。博士论文研究晚清民国时期晋西南的农民经济，从选题的确定，到最终撰写完成，离不开开题会、预答辩会和答辩会上各位专家学者的意见和建议，尤其离不开胡英泽师的指导和点拨。论文立足山西，试图从流动性的角度，来分析农民经济的特点，探究山西的区域特质，突破学界对传统中国农村、农民的认知，回应学界的一些重要理论。2020 年 1 月初，我通过了博士论文的预答辩，但一些重要问题仍待解决。谁料，春节过后，国内新冠肺炎疫情形势突然严峻起来，只能居家隔离，返校已无可能。而论文所需的一些重要材料还落在学校，为此我不得不重新梳理部分史料。每天盯着小尺寸的笔记本电脑，心心念念的是中心学习室里那台屏幕宽大的台式机。好在博士学位论文最终顺利通过了外审和答辩，得知这一结果的父母也为之高兴。其间，韩祥老师在太原不嫌烦琐，为我的毕业事宜忙前忙后，让滞留老家半年的我得以心安。

迷时师度，悟时自度。从硕士到博士，从学术门前的敲敲打打到真正迈进学术大门，我谨记恩师教诲，开始独立思考学术问题，规划自己的学术道路。

2020 年 8 月，博士毕业后我留校工作，由学生转变成为一名大学教师。2021 年春季学年，行老师带着贾登红老师、张力老师和我共四人，合开了一门校本通识课《山大往事》。虽然提前做足了准备，但是每次登上讲台，依然莫名紧张，讲话语速快，又容易磕绊。行老师特意来教室观摩，并在课后建议我着重讲历史的大框架、大脉络，不能面面俱到，捡了芝麻丢了西瓜。到了秋季学年，我又与胡老师一起，给历史系的本科生讲授《中华人民共和国史》。课下，胡老师常与我分享教学经验，提醒我在课堂上讲话不能着急忙慌，讲授内容应详略得当，切忌过度依赖幻灯片，重要的是引导学生客观认识历史，学会用历史思维分析和解决问题。韩老师和贾老师在各项工作事务上也多次提供建议或施以援手。中心师长的提携，让新入职的我少走了许多弯路。

我开始从容地走向三尺讲台，有模有样地与学生交流学术问题。面对眼前意气风发的同学们，回想起曾经自己也坐在那个位置，注目聆听各位师长的教诲。一时间，思绪万千，百感交集。回顾中心三十年的发展，不正是在这样的教研相长、师生承继中一路走来的吗？

"鉴知"往事

——我在社会史中心的十年

张　力[①]

2012 年秋季，确定保研山西大学中国社会史研究中心以后，我便与一同保研的几位同学正式参与到中心的资料整理与各项活动当中。因此，虽是三年学制，我们却借在本校之便，大四就到中心学习，可谓上了一年的研究生"预备班"。这样算来，到 2022 年社会史中心成立三十周年之际，我在中心已有十个年头。

这十年里，我经历了三个阶段：在社会史中心跟行龙教授攻读硕士学位，到复旦大学历史地理研究中心跟葛剑雄教授攻读博士学位，2020 年博士毕业后回到中心工作。每个阶段都是我人生的重要转折，我也从二十岁走进三十岁，到了个人生命的而立之年。恰与中心同岁的巧合，使中心"鉴知"二字，也成为我这十年成长历程的关键词。

山西大学中国社会史研究中心的办公地点叫作"鉴知楼"。中心邀请的名家讲座、举办的学术工作坊、学生学术交流活动前面也都冠以"鉴知"二字。"鉴，镜也，诚也，照也"。"鉴知"当取鉴古知今、鉴往知来之意。作为一所历史研究机构，这个镜子当然是要通过实证研究，发现社会历史发展的脉络与规律，为学术研究和社会现实提供借鉴。对我而言，"鉴知"二字也时时提醒自己，多"照镜子"，自省

---

① 张力，山西大学中国社会史研究中心讲师。

奋进。每读起来,"鉴"与"践"二字同音,也为"鉴知"增添了"践知践行"的意思,即在实践中获取真知,用实际行动去做事情。

很多单位机构一入大门,就会有一面镜子。鉴知楼没有这样的镜子。但我想,每个走进这里、了解"鉴知"含义的人心中都会有一面镜子。回首自己在中心的十年经历,本身也是"鉴知"的过程,可谓"鉴知"往事。

一、敬畏:走进社会史中心

2009 年,我考入山西大学,进入初民学院学习。按照初民学院通识教育的学制安排,前两年由各学院抽调教师集中讲授汉语言文学、历史学、哲学三个专业的核心课程,到第三年学生分流进入各专业继续学习。根据兴趣,我选择了历史专业。

前两年初民学院的学习,让我在文史知识体系与学科视野上受益很多。但不可否认,多学科的基础课程花费了很多精力。大三后,我们的课程与各学院同学合在一起,我在学习上的一些短板很快就凸显出来。学院里历史专业前两年的一些课程,我们没有上过。这些课程在核心课程之外,但若要建立全面的历史学知识体系,亦是不可或缺。于是,我借来同学笔记,自学教材,把课补上。同时,也更加留意老师们的讲课,恶补此前的缺失。另一方面,前两年所学优势也慢慢体现出来,逐渐发现历史学研究的许多理论、方法或具体的人物、事件,在哲学、文学的课程里多有涉及。比如共和国史课上,老师讲到建国后的文学作品,我总能回答上来;史学理论课上,不同学派背后的哲学思潮与时代背景,也都比较熟悉。可见文、史、哲之相通。

这些联想让我对追求综合性、整体性的历史研究关注较多。或许也与来自乡镇基层有关,在众多史学研究领域里,我对社会史最有感觉。最开始是上了《中国近代社会史》《区域社会史导论》等课程,后又参加社会史课程体系里的资料整理与田野考察实践。这些进一步的学习，让我对社会史中心有了更深入的了解：从专业角度理解了行龙老师提出的"走向田野与社会"的治学理念与学术追求，理解了中心在全国较早开展且影响极大的水利社会史、集体化时代农村社会史研究的学理脉络，也更理解了中心享誉国内外的民间历史文献、集体化时代农村基层档案资料收集与整理的学术价值。

在同学们的眼里，社会史中心是富有活力的研究机构，是中国社会史研究的重镇；中心老师们各有专长、成果丰硕，形成了一个特色鲜明的研究团队；中心的研究生也大不一样，受到严格的社会史理论、方法与田野考察、资料整理的训练，在各位老师的指导下开展社会史不同方向的研究。这些对我都是很大的吸引。

我的另一个兴趣在历史地理学。前两年的哲学专业课程学习中，一些哲学思想或概念常引发我的"胡思乱想"。印象最深的是康德关于空间和时间的理论。在康德看来，空间和时间是人类自带的感知框架，一切的经验性认识都有赖于这样一个先验的认识框架。因此，时空观也是人类认知的基石。康德的有关论述与后来学者的解释晦涩难懂，很多地方我无法完全理解。但是，按照我的转化理解，空间和时间对认识事物极为重要，任何事物都需要在空间和时间两个维度中去观察。这可能已远离康德学说本义，却让我对很多问题有了自己的想法，仿佛找到了一副看待问题的眼镜。

区域社会史是在空间和时间视野下关注社会历史的学科。这种注重时空过程的学术理念与研究思路，让我的不同兴趣找到了落脚点。带着这样的兴趣，我与中心老师的交流多了起来。我找到李嘎老师，请教历史地理方面的问题；课堂上曾向胡英泽老师请教如何处理历史数据；课后请教张俊峰老师关于明清洪洞人口数字的问题；跟常利兵老师交流关于图像历史研究的想法；向郝平老师请教如何理解历史上的灾害与社会；向马维强老师请教如何收集整理基层档案资料……为了能跟上课程进度，能与老师们进行有效交流，我找到他们的成果来读。同时也找来了行老师给中心研究生开的书单，老老实实一本一本的读。

虽然那时已听过行老师的课与几次报告，但我始终不敢跟行老师直接交流。行老师是知名社会史专家，我这样一个本科生提出的问题是否幼稚？会不会无法回答他的回问？这些担心都让我有点畏惧。但是看他的著作，无论是理论关怀还是实证讨论，都让人佩服。加上同学之间流传的行老师曾因读书忘记时间被夜锁图书馆、放弃留在人大的工作机会回到山大等故事，我对行老师更增添许多敬意。

带着这样的敬与畏，我在大四确定成为行老师的研究生。也是在这样的敬畏下，我提醒自己要更加努力。行老师采取自由而又严格的培养方式。每隔一段时间，学生们就集体面见行老师一次，分别向他汇报最近的学习与研究进展。然后，他根据每个同学的情况分别进行点评与指导。问答之间，一旁听的其他同学对比自查、互相学习，也会大有收获。每当这个时候，我都战战兢兢，生怕出错。而行老师总能指出每个同学的问题，提出一语点醒式的建议，让人豁然开朗。

集体指导外，行老师常叫学生单独进行指导。有几次，行老师叫我到办公室，指导我的学位论文写作，并告诉我要好好努力，要多读书、多写作。有一次，行老师叫我到文科楼11层办公室，告诉我《走向田野与社会》一书要出修订版，让我再做一次校订。结束后，当我走出办公室门口，他又叫我回去，告诉我社会史中心年轻一代正在成长成才，我们更年轻的学生一定要好好把握。《走向田野与社会》一书在学界影响很大，我早已看过。为了校订，我来回又看了两遍，找出几十处需要修订的地方，对一些史料也进行了核对修改。交给行老师后，他说没想到我看得这么仔细，并用红笔教我如何做书稿校订的标注。经过几次这样的交流，我在行老师身上学到了很多，对行老师更加敬重，"畏惧"也已从此前的担心忧虑，转变成了责任与追求，并且感到了许多亲切。

后来一次，胡老师告诉我，对待师者、对待学问就要有这份敬畏。有了敬意，心中害怕，才会严格要求自己，才能做出扎实深入的研究

成果。现在回想起来，这种对老师的敬畏、对学术的敬畏，是我走进
社会史中心的第一步，也是我以老师为榜样的"鉴知"第一步。

二、知行："校园—田野"两个课堂

兴趣和专业研究是两码事，知道和做到也是两码事。社会史的生
动丰富与田野考察的新鲜感，在转变成自己的专业研究时，便需要不
懈的坚持与努力。"走向田野与社会"是一种学术理念与追求，"走向"
二字更体现这是一个坚持不懈的实践过程。

"校园—田野"两个课堂是行老师一直坚持的社会史教学与研究
理念。这是社会史中心的优良传统。中心第一任主任乔志强先生早在
20 世纪 50 年代开始，就提倡走出校园，走向田野，并在教学与研究
中一直践行这一理念。行老师进一步提出"走向田野与社会"，并总
结出"教研相长"的教学科研模式。在中心研究生培养体系里，设置
了社会史理论与方法、近代社会史、农村社会史、区域社会史、历史
地理学、文献搜集与田野方法、口述史等课程，由中心胡英泽、张俊峰、
常利兵、李嘎、马维强、赵中亚、郭永平、曾伟、韩祥等几位老师根
据各自专长讲授。这些课程不仅在各个研究方向上建立起同学们的系
统知识体系，还有一个重要价值，建立了一个与历史"田野"对应的
校园课堂体系，为历史学本位的田野考察提供了充分的知识、理论和
方法支撑。

田野课堂方面，行老师鼓励同学们从自己的家乡做起，先了解考
察自己的家乡历史。我曾在老家芮城做过几个村庄的家族考察、关公
信仰考察与建国后大禹渡引水工程考察。这些利用对地域的熟悉，从
家乡出发的田野训练，直接而有效。课程上，中心有多层次的田野实
地考察训练。晋水流域是中心长期关注的田野点，行老师曾带我们去
赤桥村，张俊峰、常利兵两位老师带我们去古城营村，马维强老师带
我们去北大寺村，进行田野实地考察训练。此外，中心组织学生利用

寒暑假赴山西各地进行集体田野考察，对一些地方的民间历史文献和基层档案资料进行了系统的调查与整理。确定田野点后，又分派小组进行持续的追踪考察。我曾参加过永济、浮山、绛县和沁河流域等地的考察，跟随老师的脚步丈量三晋大地，与同学们一起感受田野工作的艰苦与兴奋。

2014年夏季，在沁河流域的田野考察中，每天日间的实地考察过后，晚上便是开展研讨报告。我在烈日暴晒之下，额头上掉了一层皮。行老师见了开玩笑地说："张力也脱了一层皮"。虽然辛苦，但在田野里，每看到一通碑刻、一份史料，每收集到一段地方历史脉络里的故事，都让人兴奋。再思索课堂上的知识、文献中的记述，对地方社会历史便有了更深的认识。田野考察就是让书斋里、文献里的知识"蜕变"的过程，也是我们这些学生从懵懂到有所收获的"蜕变"过程。

回到校园，鉴知青年工作坊、鉴知论坛为师生提供了交流讨论的平台。青年工作坊中，老师们把自己的田野考察所得、最新研究成果与各种访问经历拿出来进行交流；学生论坛上，同学们将自己的研究想法与田野收获进行整理与报告，供大家一起讨论。大四时，我便开始提交论文参加交流。我在研究生阶段发表的第一篇论文《20世纪50年代山西中部土盐户转业的历史考察》便是通过鉴知论坛的交流讨论而修改完成。

这样一个完备的课程与研究交流平台，在中心营造了浓厚的学术氛围，形成了特色鲜明的教学与研究风格。课余时间，我与郭心钢、郭佩祥等同学在平遥、清徐、晋源一带，完成了各自的研究考察计划。利用在中心的田野考察与讨论交流成果，我参加了上海交通大学、中山大学与北京大学等高校的学生交流活动，接触到了国内外的学术前沿，也建立起了极大的信心。在选择继续求学时，行老师得知我想通过历史地理学的进一步学习，深化区域社会史研究后，给了我极大的鼓励与支持，帮助我实现了到复旦大学历史地理研究中心求学的梦想。

复旦的四年时间里，虽然身不在中心，但我受到中心各位老师的许多指导，也多次参与到中心的活动与学术会议当中。我的博士论文选题是清代以后山陕地区的土地抛荒问题。利用假期回到山西大学或是老师们到上海的机会，我将论文的选题想法、研究思路与研究心得向他们报告。行老师不仅在研究上给出许多直接建议，还鼓励我要多交流、多学习，胡英泽老师以对山陕区域社会的深刻理解为我的研究提出许多方向性建议，李嘎老师指导了我在历史地理方面的继续学习，并且在学习与生活上多有关心，郝平老师和张俊峰老师在博士论文写作中也给出许多提醒。论文选题伊始，葛老师就提醒我，这一选题需进行大量实地考察。借中心集体考察机会，我也完成了自己的部分重要考察计划。

在外的跨学科求学经历，为我重新看待社会史、重新了解社会史中心提供了新的视野。在很多场合，我听到了知名专家学者和来自不同高校的学生对社会史中心的认识与评价。"走向田野与社会"、国内顶尖的民间文献与农村基层档案资料库、区域社会史研究实践的典范、完善的中国社会史课程与教材体系，这些标志性的贡献体现了社会史中心知行合一的教学科研追求，而我是其中的极大受益者。

三、使命：两个"大学第一课"

博士毕业以后，怀着最初对区域社会史研究的兴趣与学术追求，我将唯一的一份简历投到社会史中心。蒙行老师不弃，将我纳入研究团队。我又回到了自己入门的地方，进入一个新的阶段。进入中心的第一次工作例会上，行老师给我们讲了中心的历史与研究传统，告诫我们新入职的教师，要承担起新一代中心学人的责任与使命。

为了让我们尽快融入研究团队，行老师帮我们选择研究方向，为我们把关。作为一名教师，首先要有过硬的教学本领，这是教师的立身之本。为了培养我们的讲课能力，行老师在 2021 年春季带着我们三位青年教师，一起开设了《山大往事》这门课程。这是我从学生转为教师后上的第一门课。

回想起来，山大校史也是我在 2009 年入学后上的大学第一课。授课老师正是行老师。2009 年秋季入学后，在正式上课之前，行老师在文科楼一层的阶梯教室为我们做了一场《山大校史》的报告。通过丰富的史料和个人经历，行老师的讲解让我这个小镇青年第一次认识到，自己求学的地方竟与中国近代大历史有如此密切的联系。十一年后，我在大学讲的第一堂课，竟也是行老师带着我们开设的山大校史课。

第一次上课时，面对一百多位同学，我告诉大家这是我做教师以来的第一堂课，这门课也是我大学时的第一课。我从学生到老师，行老师从老师成了老师的老师。"薪火相继"是那堂课上最重要的关键词。这也是"山大往事"给我们最大的启示吧。

2022 年是山西大学中国社会史研究中心成立三十周年，也是山西大学建校一百二十周年。教育与学术的发展，依靠的是师生之间、学人之间的薪火相传。我从社会史中心入门，在社会史中心成长，如今到社会史中心成为一名教师，这是十年里我在中心的"鉴知"之路。

如今，坐在书桌前、站在讲坛上、走在田野里，唯有践知践行才能不负"鉴知"往事，才能担起应有的责任与使命。

莘长你怀　乐傍你旁

——纪念山西大学中国社会史研究中心成立三十周年

周　亚①

　　人的一生，长路漫漫，吉凶难卜，不过，若有明灯以照，则可坚定信念，少走弯路。回首大学本科到博士的十年求学之路和毕业后十多年的工作历程，我的成长、进步都离不开山西大学中国社会史研究中心的培养和教育，它就像我人生中的一座灯塔，指引我走上学术之路，笃定我坚守学术之心，示范我带好学术团队。

一、因水结缘

　　我的学术"初体验"是大学本科毕业论文。（这比起现在从大二开始即可跟随导师开展科研训练，甚至从大一入学即有学业导师指导，简直不可同日而语。）2003 年初，也就是"非典"爆发的那个春天，张俊峰老师拿着一本复印的《重修通利渠册》给我，说可以这份资料为中心来撰写毕业论文。他怕我受到已有研究成果的影响，让我直接从史料的阅读中发现问题。随后的两个月，我仔细推敲文献，写了六七十页稿纸，顺利完成论文《明清以来晋南乡村社会的水利管理与运行——以通利渠为例》。后来，这篇文章发表在《中国农史》2005

① 周亚，山西大学历史文化学院教授。

年第 3 期，发表时将题目中的"明清以来"改为"清末"。作为人生中的第一篇学术论文，便能刊发在 CSSCI 来源期刊，无疑我是幸运的。当时未曾想到的是，这一看似偶然的"引水上身"，却成了我此后近20 年的研究方向，冥冥之中，又似水到渠成。如果把这个选题放置于中心学术发展的整体脉络中进行考察，就会发现，不知不觉中，自己早已成为这条大河中一条奔流的小溪。

2000 年，行龙老师在《科学技术与辩证法》（今名《科学技术哲学研究》）第 6 期发表《明清以来山西水资源匮乏及水案初步研究》一文，紧接着，又在《山西大学学报》2001 年第 6 期发表《开展中国人口、资源、环境史研究》，在学界正式吹响了"人口、资源、环境史研究"的号角。同年，张俊峰老师也在《山西大学学报》第 6 期发表《水权与地方社会——以明清以来山西省文水县甘泉渠水案为例》一文，可以看作中心以团队力量开展这一领域研究的一个象征。这一研究的切入，正是抓住了山西这个区域的特色，也就是"水"的问题。并由此引领了一个热点研究领域——水利社会史研究，至今仍然方兴未艾。

2003 年，我硕士考入陕西师范大学历史地理研究所，导师李令福先生也是从事水利问题研究的专家，我的硕士论文也自然地以水为题，只是在研究区域上从山西跨到了陕西，在研究时段上从清末延伸到民国，在研究方法上更多地借鉴地理学和景观生态学，可以说，是换了一个视角来审视水的问题。

在西安读书的三年期间，我与母校和母校的老师也保持着较多的联系，这让我在历史地理学的视阈之外，始终能够多一些社会史的关怀。2004 年 4 月，中国史学界第七次代表大会在陕师大举行，行龙老师带领团队成员郝平、胡英泽、张俊峰等参加；几个月后的暑假，我又作为"编外人员"参加了中心和中山大学、香港大学、香港科技大学、北京师范大学、厦门大学等机构联合举办的"第二期历史人类学高级研修班"，期间，研修班师生一同在洪洞、临汾开展田野考察，并且在临汾龙子祠发现了一批珍贵的水利文书档案。没想到的是，这样的不期而遇，后来竟成为我博士论文的研究课题；2005年上半年，胡英泽老师到陕师大史地所做青年访问学者；2005年9月，张俊峰老师到陕师大参加"人类社会经济行为对环境的作用与影响"学术研讨会；10月，李令福老师又带我回山大参加了"明清以来山西人口、资源、环境与社会变迁"学术讨论会。较为频繁的学术往来与交流，不仅让我了解了中心的研究动向，更拉近了我和中心的心理距离。于是，在面临考博的抉择时，我选择了"回家"，回到曾经熟悉，却又充满很多未知的地方。

2006年，我考入行龙老师门下，开始了三年的博士学习。这一时期，中心的田野调查工作做得有声有色，收集了大量集体化时代的农村基层档案，面对这些前所未见、数量庞大的档案资料，行龙老师敏锐地捕捉到新的学术生长点，提出应将社会史研究延伸至集体化时期，并在当年举行的"地域中国：民间文献的社会史解读国际学术讨论会暨第十一届中国社会史学会年会"上提交了一篇全面介绍中心所藏资料的文章——《山西大学中国社会史研究中心"集体化时代农村基层档案"述略》，再一次引领了一个新的学术潮流。与此同时，中心几位硕博士的选题也开始聚焦于集体化时代。鉴于我有水利史研究的基础，行老师建议能否利用中心收藏的龙祠水利文书开展研究。经过一段时间的资料整理和文献爬梳，我接受了行老师的意见，决定在前人研究基础之上，将水利社会史研究进一步下延至集体化时期，博士论文的题目拟定为《集体化时期的乡村水利与社会变迁——以晋南龙子祠泉域为例》。但在写作过程中，我又是在长时段的视野中来审视"集体化时代"，通过集体化前后的对比来观察水利社会的变与不变，并去揭示其背后的原因。

2009年博士毕业后，我留在历史文化学院工作，但龙祠水利的研究一直在继续。2011年以博士论文为基础申报的"黄土高原水利社区的结构与时代转型研究"获得国家社科基金青年项目资助。2018年，研究成果《晋南龙祠：黄土高原一个水利社区的结构与变迁》被列入中心《田野·社会丛书》第 2 辑，由商务印书馆出版发行，算是对我十余年水利社会史研究的一个阶段性总结。2019 年 7 月，在云南大学参加第二届水域史工作坊"从水出发的中国历史"，席间，有同仁拿着新出的《历史人类学学刊》（第十七卷第一期）给我看，原来本卷刊发了一篇对我那本小书的书评，文中这样写道："本书中，我们可以看到周亚对于整体史研究的某种尝试，力图对水利社区的结构进行历时性研究。在作者看来，整体性的'水利社会史'显然不仅是一种方法论，还是可以进行具体研究的对象。""以笔者有限的阅读所见，周亚是第一位试图对水利社区进行'通史性研究'的学者"。书评的作者与我素昧平生，应当是基于内容本身给出的判断，在此意义上说，能在中国水利社会史研究的学术史上留下自己的足迹，那是我所无比欣慰的。

二、探究"绝学"

2013 年，郝平老师担任历史文化学院院长后，在学院成立了民间文献整理与研究中心，我成为这个中心最早的几位成员之一。民间文献中心的成立，就是要对标社会史中心，在文献的收集和研究领域更集中于集体化时代以前的历史时段，与社会史中心实现互补。2015 年，孟伟老师加入团队后，进一步凝练民间文献中心的研究方向，形成以太行山为中心的区域史研究和以明清山西商人为中心的社会经济史研究两大研究领域。并且，依托刘建民先生收藏的一批山西商人史料进行了一轮文献研读（这批文献于 2018 年由商务印书馆出版，定名为《晋商史料集成》）。

全新的文献，对每一个成员都是考验。它的系统性如何？它的价值到底有多大？它能在哪些方面推进已有的研究？它能否撑起一个研究领域？需要花多少时间才能读懂它，并形成研究成果？原来的研究怎么办？……一系列问题接踵而至，而且必须尽早做出选择，要么开启一条新路，要么固守已有的研究方向。在这个过程中，有的老师选择了退出，有的老师选择了留下。我不知深浅地选择了后者，决定研究票号。可它的难度，不亚于"二次创业"。以至于当友人得知我要研究票号时，打趣地说，票号研究已经有了这么多成果，而且研究来研究去不就是"官商勾结"，你能搞出什么新花样？并劝我尽早收手，做别的研究。

一边是新史料的无限诱惑，一边是不确定的未来预期。我想，只有亲自去尝试，才能知道梨子的味道。就像社会史中心，十年之内能够两次引领学术潮流，既是基于研究形势的准确预判，更是团队成员久久为功的结果。更何况，历史研究从来不是预设一个结论，然后去找材料证明它。相反，应当通过对原始文献的研读，归纳总结出可能的结论。事实上，与票号研究的火热状态相对应的，却是票号史料特别是票号原始文献的利用不足。也就是说，真正基于史料开展的票号历史研究并不多见。但是，前辈学者整理出版的相关史料已过去二三十年，何以遭受如此冷遇呢？原因只能是在文献的释读上出了问题。因为票号文献中会出现大量专业术语以及地方社会的俗语、俚语、简称等，如果不能有效解决这些问题，将大大影响文献的阅读。面对前人同样面临的问题，我们借助今天海量的信息库，更利用团队的力量集体攻关，相信能够取得新的突破。2019 年，我主持申报的"票号民间文献整理、释读与研究"获得国家社科基金冷门"绝学"专项资助，至少说明，这种基于原始文献的票号基础研究得到了学界的认可，也给了我更多的信心和决心，继续沿着这条路去探索未知。

三、带领团队

社会史研究中心是学校文科科研机构中的表率。记得当年在中心读书时，行龙老师每每以斜对面彭堃墀院士所在的光电所为标杆激励大家。事实上，中心在学界也享有很高的盛誉，被誉为中国社会史研究的重镇之一。中心在平台建设、人才培养、制度规范等方面的做法成为我在学院开展团队建设的重要参考。

民间文献中心成立后，我负责团队的日常管理和运行工作。中心为虚体机构，规模虽不大，但教学、科研、学生管理、对外交流等一个实体研究组织所涉及的工作任务，我们都得同样面对。因为没有专职行政人员，所以，这些工作都是由每一个团队成员各挡一面，充当着研究者和管理者的双重身份。不过，背后有学院这个大舞台，旁边又有社会史中心作为榜样，我们的各项工作也进行得较为平顺稳当，并且在某些方面取得了新的突破。在平台建设方面，我们先是依托学院"河汾讲堂"邀请国内外知名学者开设讲座，后来又创立了"民间文献与山西商人研究云端讲坛""金融货币史大讲堂"等交流平台，以线上形式为主开展学术交流，获得了广泛的学术声誉。另外，我们还积极筹备了一本辑刊——《民间文献》，即将在 2022 年迎来首发。

在人才培养方面，将日常的读书会、讨论会和寒暑假的田野调查结合起来，形成系统的培养体系，并设立"中国传统村落田野调查报告征文"活动，让中心的学生与全国各大高校的学子同台竞技。在田野调查上，我们曾先后在黎城和武乡设立研究调查基地，开展了普查式的田野作业，完成了所在区域 600 多个村庄的逐村调查工作。在此过程中，老师和学生同吃、同住、同行、同研究、同讨论，创造了良好的团队合作模式，不仅锻炼了研究队伍，而且增进了团队情谊，凝聚了团队力量。为了培养更多的民间文献领域的青年人才，扩大中心的学术影响力，我们还举办了"民间文献高级研修班"，先后在榆次、武乡、平遥举办了三届，来自全国 40 多所高校、科研院所的 100 多位师生来到这里研习、考察，得到了大家的一致好评。为了进一步凸显中心的培养特色，我们还组织编写了《山西民间文献概论》教材，为本科生、硕士生开设了《明清社会经济史》课程，将研究成果转化为教学成果，实现教研相长。

在科学研究方面，经过几年的发展，中心成员取得了一批标志性成果。郝平老师主持的"中国传统村落价值体系与异地扶贫搬迁中的传统村落保护研究"获批 2017 年教育部哲学社科研究重大课题攻关项目，孟伟老师主持的"山西票号原始文献整理研究与遗存保护数据库建设"获批 2020 年国家社科基金重大招标项目，孟伟老师主持的"明清以来白银货币演变史"获批 2017 年国家社科基金重点项目，我本人获得 2019 年国家社科基金冷门"绝学"专项资助。几年来，团队共获批 30 多项国家级和省部级项目，发表论文百余篇，出版著作 20 余部，获得教育部第八届高等学校科学研究优秀成果三等奖 1 项。由于团队成员的优异表现，民间文献中心于 2019 年获得山西省"五四青年奖状"的集体荣誉。

古人云：行百里者半九十，更何况我们当下所取得的一点成绩，仅仅是万里长征走完了第一步。像社会史中心那样，要成为一个具有国际影响力的研究机构，需要几代人不懈努力、集腋成裘。作为后来者，有社会史中心这样一个"前辈"和优秀的榜样在身旁激励着我们，何尝不是一件幸运而又幸福的事。

田野中的乡愁

苏泽龙 [①]

2016 年 3 月我完成了山西大学中国社会史研究中心"沁河风韵"创新项目中《沁河老宅院》的研究工作。看着即将付梓印刷的项目书稿，久久不能抑制心中的澎湃之情。《沁河老宅院》一书是通过对现存山西省沁河流域明清时期的民居建筑研究，重现了历史时期沁河流域百姓生产、生活的情景。我的祖籍高平市马村镇，自古以来就是沁河流域的一个繁华重镇，祖宅是沁河流域数不清的老宅院中的其中一座，小时候就经常听长辈和族亲们讲述关于老宅院的故事。我祖上的老宅有十八个院，后面还有一个花园（现仅存七个院），有文字记载的祖先可追溯至明朝的一位进士（苏民牧，明朝嘉靖四十四年乙丑科进士，后任湖广副使、陕西参政等职），后几辈祖先大多经商，主要是在山东、陕西等地做当铺生意，家中的老宅院是清朝初年建起的，在民国年间家道中落，当时分家析产时本着"分房不分地"的原则，我爷爷的爷爷分得大院中的厅房院，听老人们讲，建国后家里还留着家谱、账册、匾额和一些书籍。遗憾的是，这部分有文字可考的资料在"文化大革命"时被烧毁，能佐证家族历史的只有现存的这座老宅院。

虽然《沁河老宅院》书稿即将完成，但心头感觉仍有一些没有放

---

① 苏泽龙，山西大学历史文化学院教授。

下的东西，于是我带着学生重返田野，去体会老宅院中的各种乡愁。每个人都有可能离开故乡去工作、去远行。与此同时，新事物、新建筑也在不断吞噬着乡村的泥土，故乡的一宅一院、一草一木也可能因此远去，所以，离乡的人有对故土眷恋的离乡之愁，在乡的人有对故土热恋的在乡之愁，老人有老人的乡愁，年轻人有年轻人的乡愁，丰富多彩的乡愁是大家维系在根祖世界的共同回忆。

在我驾车到达考察的第一个村——高平伯方村，走进毕氏老宅院时，与村里热情指路的乡亲们不同，住在老院中的赵姓大娘毫不客气地询问我们是做什么的？我们亮明身份，说清来的目的，老大娘搬开门口用砖围起的两个水泥墩子说，门柱下原来雕饰有四面狮子的两个石础，在十天前的一个夜里刚被人偷走，虽然不是毕氏的后裔，但她对失窃的门柱石础耿耿于怀，石制门柱和上面的木刻装饰都在，我们看着新砌起还未完全干透的水泥墩子，和老人一起猜测盗贼是用什么设备和技术偷走石础的，想象着原来石础的精美，应该说被盗走的两个狮子石础与高高昂起的龙凤木雕大门额头是一种精致的搭配，是留存不多的毕氏老宅的精华所在，从她的惋惜、失责中看到的是流失的乡愁。

在几天走村串乡的过程中，与许多老人不期而遇，他们会热心地带路，并给你讲述许多老宅院的故事，这些故事好像是镌刻在村落中的历史，又好似他们的经历，让听的人悦耳入心。与许多乡下老人年纪相仿的是我的父亲、母亲，他们出生在同一个村的两个老院中，苏姓与袁姓是村中的两个大家族，以前闲暇时也常常听过他们对老家事情的唠叨，不过多是听听而已，从未留心在意。在我想详尽了解沁河流域老宅院中的生活时，我父母的口述成为研究老宅院的重要素材，他们是在老宅院中长大的，回忆老宅院成为两位八十多岁的老人最乐意的事情，虽然好多记忆是杂七杂八、碎片的，但他们总有讲不完的故事，在故事中有人有物，有情有景，让人体会到老宅院是不断变换的历史剧场。尽管父亲母亲已离开故乡六十余年，但这些场景却是离不开的乡愁，是永恒的记忆。

因为小时候经常和父母回去省亲，所以老宅院是我年少时的一份独特记忆。上大学后开始学习历史专业，受专业影响总希望能够找到一些关于我的历史记忆。环顾四周，在已经看惯的城市里的钢筋水泥中实在找不出一点历史的味道。但每次回老家的记忆却是深刻的，尤其是冬日中暖暖的火炕和清早时老院开门吱扭的声响，永远记不住进屋时要迈过的高高门槛和在大院中一起吃饭的情景，还有那令人恐怖却又不得不去的茅厕……由于习惯了城市的生活，每每想起这些来，却发现曾经的经历与现实生活距离很远，因此年少时的记忆一次一次被搁起。后来考上研究生后，在导师行龙教授"走向田野与社会"的学术理念的敦促下，走到各处农村去找资料，与许许多多不曾相识的老乡们做访谈后，那根植在内心深处的乡愁有了一种重新被唤醒的感觉，对我来讲乡愁犹如一次约会。

我如期而至，回到了老宅院中。

2003 年 7 月，我利用陪父母回乡省亲的时间去村里发掘档案资料，资料虽无收获，但在周围的村庄却看到了几处老宅院，大院原有的规模和它的破旧一样震撼人心，一种如何将他们留下来的意识强烈地冲击着我，我重新审视老家的大院并用摄像机记录下她的全貌，还与父亲努力去寻找镶嵌在苏家祠堂墙上那通记录了举家族之合力从基督教会赎回祠堂的碑刻。但遗憾的是，没过几年，祠堂便被拆毁，盖了邻近某中学的教师宿舍楼，在我的乡愁中又增加了一份珍惜。之后，在去各地村庄考察的过程中，每每看到黄土地上留存的老宅院，总有一种解读历史的冲动，在中国几千年的农耕文明中，像沁河流域这样的老宅院众多，老宅院中遗存的匾额、对联、碑文等一木一石都是传统文化重要的载体，它们如同社会的基因一般，记录着人们的生产生活方式，同时老宅院中的婚丧嫁娶、饮食习惯等民风民俗信仰，不但具有较高的历史、文化、艺术、社会价值，而且是传统社会习俗延续的生命。

　　2013 年,《三晋都市报》的记者拿着我关于碛口古镇的研究论文,对我进行采访①。我给她讲到碛口至今还保留有一天吃两顿饭的生活习惯,因为这习惯可以追溯到宋朝,经过明清商业改造后的碛口,仍存在着农耕文化,所以碛口可以名副其实地被称作古镇。在她的表情中我看到了年轻人惊讶的乡愁。有一次我带学生在耕地已经消失的某村庄考察时,看着农民种植在花盆中的蔬菜,我给学生讲,这是农民的土地情节,是混合着泥土味道的乡愁,别人是品不来这种蔬菜的美味的。"留心观察,以小见大"是在社会史中心学习期间养成的一种学术素养,也成为我学习历史的重要习惯,所以,乡愁还有我研究的细节、学术的思维。

　　在走马观花看老宅院的同时,我还是感受到故乡淳朴的民风,尽管第一步在伯方村多少有些令人尴尬,但其后的十几个村中的田野工作还是让我紧张的心理大大地放松,在每个村中都有敞开的宅院大门随时欢迎我们进入,院中主人对陌生人的到访从未有过拒绝,而且还主动提供很多的方便。在屯城村,我想看张家书房院的一副石对联,一位大婶翻过土墙为我们引路。在陟椒村路遇的一位大娘热情地要为我们准备午饭,要不是因下雪山路湿滑、行车不便,我们还真想在大娘家吃一顿地道的农家饭。在良户古村,我们边吃农家饭边听户主人给我们讲他的个人历史,饭后他便给我们当起了导游,几乎每一个村我们都会遇到热情的老乡。然而,在急剧的农村社会变迁过程中,大多数老宅院却人去屋空、日渐坍塌,一座座上了锁的空院子,不知道以后的命运又会如何? 即使有人居住的宅院,也大多剩下一些孤独老人,他们在岁月沧桑中默默地守望着那份在时间中流逝的乡愁。

　　在这趟考察活动中,学生和我一样时刻不停地与老乡交谈,作为一位九〇后,他对乡村文化的敏感度大大超出我的意料,在去之前,我也只是简单地告知他要做的工作,没想到他对老宅院的兴致如此之大。所以,我特地要求这位九〇后的年轻人来谈一点考察的体会。

① 《临县碛口:眼里是九曲黄河,脚下是千年古渡》,《三晋都市报》,2013-07-27。

"在内心深处总珍藏着浓厚的恋乡情结，渴望着回归那有着悠久历史的乡村。漫步于仍然保持着'活的文化景观'，充满着'历史的真实'的乡村间。乡村承载了历史变迁和岁月沧桑，也是祖辈们精神世界的载体。行走在村庄里，看到一幢老房子，或者一棵古树，我都会不由自主地停下前行的脚步，在其周围徘徊良久，用深情的目光去阅读历经多年风雨剥蚀的沧桑中所蕴含的那份从容，去参悟这份沧桑中所蕴含的深刻的历史信息。感受着那有着千年历史的古老村庄，那深沉而古老的街道，那座座透着沧桑气息的老宅子，那幽静而古朴的胡同，那袅袅升腾的炊烟。凝视着雕有惟妙惟肖的纹饰的砖雕照壁与檐下梁枋精巧细致的木雕雀替。

"归于乡村，解一缕乡愁。吃一口地道的家乡饭，喝一口天然的家乡水，听一句亲切的家乡话，看一眼乡村里的风景。慢慢地，那流淌在灵魂里的东西会随时间发酵成醇厚的思念。"[1]

中国人灵魂中有一种文化自觉，乡愁就是对文化的感知。我希望几年后学生可以学有所成，用心去感知历史，使历史成为生活中重要的部分。

在高平市良户村考察时，我们与前来考察的太原市晋源区牛东全区长一行人不期而遇，牛区长分管农业工作，钟情于传统农业文化，良户村的民居建筑、古风古韵和至今保存完整的出旗山、擎神会、百子桥、送鬼王、晒龙王、散路灯、迎神赛社等民间文化同样吸引着他，这是每个植根于乡土文化的国人的乡愁。

出于习惯，我经常会以职业的视角去关注村落历史文化，家中茶余饭后的话题也常常围绕乡间的民风民俗，我给女儿讲过日出而作、日落而息的农耕生活，讲过社火、庙会、祭祀等风俗，还讲过农村老树下的饭场、田间的耕牛、老宅院中的静谧，以及时不时传来的鸡鸣犬吠之声……

从女儿的眼中我看到乡愁是一份憧憬……

---

[1] 张大伟，山西大学历史文化学院硕士研究生。

我在社会史中心的成长史

郭永平 [1]

山西东立太行千里巍峨屏障，西伏吕梁缠绕九曲黄河天堑，北临内蒙古苍茫塞外大漠，南踞汾河两岸富饶原野沃土，历来被认为是表里山河。清代地理学家顾祖禹在《读史方舆纪要》中说："山西之形势，最为完固。关中而外，吾必首及夫山西。盖语其东则太行为之屏障，其西则大河为之襟带。于北则大漠、阴山为之外蔽，而勾注、雁门为之内险。于南则首阳、底柱、析城、王屋诸山，滨河而错峙，又南则孟津、潼关皆吾门户也。汾、浍萦流于右，漳、沁包络于左，则原隰可以灌注，漕粟可以转输矣。且夫越临晋，溯龙门，则泾、渭之间，可折而下也。出天井，下壶关、邯郸、井陉而东，不可以惟吾所向乎？是故天下之形势，必有取于山西也。"

这一方夹峙于黄河峡谷和太行丛山之间呈桑叶形的古老的黄土地不仅地理位置重要，而且是华夏文明的重要发祥地。在山西这片区域，积累了深厚的历史文化资源。1992 年，国内最早以社会史命名的研究机构——山西大学中国社会史研究中心成立，标志着山西区域社会史从一个嗷嗷待哺的婴儿步入了成年阶段。三十年来，以山西为区域的社会史研究逐步形成了自己的一些研究理论与方法，得到了国内外学者的高度重视，为社会史"华北模式"的形成奠定了重要基础。

---

① 郭永平，山西大学文学院民俗学研究所副教授。

一、进入社会史中心

2013 年 7 月 1 日，我从中山大学人类学系毕业，来到太原，正式加入山西大学中国社会史研究中心团队。

虽然整个山西高校中没有人类学的相关专业及研究机构，但是我也没想到我会从事历史学研究工作，因为从人类学到历史学的跳跃并不容易。但是这几年回过头来再看走过的历程，我觉得当初的选择是正确的。在此，要感谢导师周大鸣教授的推荐，也要感谢以行龙教授领衔的社会史中心的各位领导同事对我的接纳与帮助。

山西大学中国社会史研究中心是国内最早以社会史命名的研究机构，被誉为社会史研究的重镇。主要研究方向有四个方面，分别为"人口、资源、环境与社会变迁""晋商与地方社会""集体化时代的乡村社会""三晋文化与地方社会"。社会史中心之所以能够在国内外产生重要的影响，很重要的原因就是中心研究方向特色鲜明，团队作战，一代代持之以恒，坚持不懈开展区域社会研究。根据博士论文以及已有的成果，我被归入"集体化时代的乡村社会"研究团队。我在社会史中心 5 年多的时间基本上就是围绕这个方向开展的研究。

二、走向田野与社会

行龙教授提出了"走向田野与社会"的理念。走向田野与社会，"可以说是史料、研究内容、理论方法三位一体，相互依赖、相互包含、紧密关联。有时先确定研究内容，然后在田野中有意识地搜集资料；有时是无预设地搜集资料，在田野搜集资料的过程中启发了思路，然后确定研究内容；有时仅仅是身临其境的现场感，就激发了新的灵感与问题意识，有时甚至就是三者的结合。"在"走向田野与社会"的过程中经历了一个从自发到自觉的转变过程。如今，走向田野与社会已经成为中心三代学人从事社会史研究过程中的一种学术追求与实践。在此过程中，山西成为区域社会史研究的重镇。三十年来，行龙教授带领研究团队在走向基层、走向民众的过程中，进行资料收集、口述访谈，在开展研究的同时秉持服务地方社会的理念，践行着学以致用的现实关怀。这样的理念其实有着久远的历史渊源。早在 20 世纪 50 年代，山西大学历史系教授乔志强先生就倡导走出校园，走向田野。进入 21 世纪，在行龙教授的带领下，"走向田野与社会"向常规化发展，成为山西大学中国社会史研究中心的基本理念。在 20 多年的田野调查中，中心收藏了数千万件集体化时代山西农村社会基层档案资料，首创了集学术研究和教学于一体的"集体化时代的农村社会"综合展，并把集体化时代的中国农村社会研究推向了学术最前沿。2014 年，"三晋文化传承与保护协同创新中心"成立，准备对沁河流域展开研究。在进行田野调查之前，首先是阅读文献，做好做足案头工作，然后工作坊集中学习，行龙副校长、文学院田同旭教授、社会史中心张俊峰教授先后主讲《鸣锣开张：走向沁河流域》《沁水古村落漫谈》《濩泽河畔：阳城古村落历史文化刍论》等 4 场讲座。7 月 29 日—8 月 8 日，在"三晋文化传承与保护协同创新中心"学科召集人、副校长行龙教授带队下，山西大学"沁河风韵"学术工作坊的专家学者一行 30 余人来到沁河流域，开展了为期 11 天的田野考察，我也参与了这次调查。集体调查结束后，各位老师根据自己的方向多次去沁河流域考察，最后出版了 31 本专著，该套丛书 2016 年由山西人民出版社出版，我的成果是《搜神记：沁河流域的村庄神明》。

三、教研相长

法国年鉴学派第三代代表人物雅克·勒高夫认为，史学应"优先与人类学对话"，应使历史学、人类学和社会学相互结合，并用"历史人类学"这个名称来概括它。历史学家视野中的历史人类学主要是借用人类学的反思理念和方法来改造历史学，为史学的发展校正道路。可以说，历史学借鉴了人类学的理念与方法，形成了历史人类学。于我而言，学习历史学的研究路径与方法，实现人类学和历史学两条腿走路，也是最优的选择。

根据我自己的研究以及中心的发展方向，行老师让我为研究生开设了"口述史"的相关课程。"口述史"采取了理论讲述和实践调查相结合的方式，我坚持每年5月带着研究生去大寨进行调查。同时，还带着本科生暑期进行社会实践活动，这实际上是一个教研相长的过程。2014年8月10日—14日，我和胡英泽教授，带领本科生到永济进行社会实践活动。广大师生不避酷暑，行走于永济的村落与社区，实践着走向田野与社会的理念。调查结束后，亲自指导学生进行田野报告的写作。后来，这本田野调查报告集被列入行龙教授主编的《教研相长七书》，该丛书2018年由中国社会科学出版社出版。2017年，习总书记视察岢岚县扶贫工作。2018年，为了深入了解党的十八大以来实施精准扶贫的历史进程、贫困地区乡村社会发生的巨大变迁，同时，为了践行总书记的重托、决战深度贫困，我和胡英泽教授带领8位研究生多次奔赴岢岚县进行田野调查与口述访谈。在岢岚县，广大师生走村入户、了解民情、倾听民意，先后对52位调查对象进行了深度访谈。在此基础上，撰写了《我们这一年：岢岚县脱贫攻坚典型人物口述史》一书，该书2019年由山西人民出版社出版。上述都是在社会史研究中心教研相长的结果。教研相长可以从以下两个方面谈起：

第一，人类学研究。乔健先生祖籍山西介休，1991被山西大学聘为荣誉教授，同年山西大学华北文化研究中心成立；1996年乔志强和乔健联名申请国家社科基金重点项目——华北贱民阶层研究获准；2001年乔先生又申请课题，将赤桥村定为"中国—欧盟农村可持续发展研究"全国七个调研点之一。2011年秋，应山西凯嘉集团董事长路斗恒邀请，乔先生携家人回到介休进行了考察。2012年9月，中国人类学高级论坛主办的"维护文化遗产，发展城市文化"圆桌会议在介休举行。在会上，乔先生初步提出了"文化自觉、自觉发展"的构想，并首次倡议开展"黄土文明，介休范例"这一致力于推进地方文化建设的研究方案。2013 年 9 月，由乔先生总体设计，介休市政府、台湾世新大学与人类学高级论坛合作，厦门大学人类学研究所、中山大学移民与族群研究中心、四川大学文学与人类学研究所、复旦大学中国历史地理研究所共 4 个单位参与的《"黄土文明·介休范例：从文化自觉到自觉发展"的合作协议》正式签订。该项目"以人类学的'黄土文明'研究为背景，从历史、民族、历史地理、文化遗产等多个侧面，围绕介休未来的文化发展战略展开，目的在于以介休本土的文化传统为资源，既从人类学角度总结出黄土文明的理论成果，同时为介休的未来发展提出独特而深厚的文化方案。"我参与了周大鸣教授为子课题负责人的"历史篇"的调查与研究工作，2016 年课题结项。

然而，令人遗憾的是，由于乔先生的逝世以及介休市政府主要领导的变动，三期计划只完成了第一期。对于其他学者来说，路途遥远，来山西调查不容易，对于我来说，近水楼台，可以沿着乔先生开创的道路，继续开展"黄土文明"的研究。这些年，我不仅继续在介休深入调查，而且也将视野扩展到了汾州地区、太行山区，以深化"对区域社会的整体性了解与文明类型的理解"。在研究中，我认为黄土区域是华夏文明的重要发祥地，而在区域研究中必须坚持整体性的理念。然而，目前中国人类学缺乏有意识的区域研究，其整体优势并不明显。基于此，需要在整体观的视野下，探索和构建新的复杂、文明社会的研究框架。在开展黄土文明研究的时候就要考虑到该区域特殊的自然地理环境、长时段的历史延续、复杂性的族群关系，就需要将固定的聚落与走廊内流动的人群结合起来，呈现历史演变过程中作为历史主体的人及其活动，在此基础上达致对文明的了解与理解。同时，围绕人的生存活动、社会流动，开展以人为主体的历史与文化的重新构建，这就要深刻认识到区域对人类文化的形塑作用，对文明发展进程的重要意义。

第二，历史学研究。上文已经谈了我在社会史中心属于"集体化时代的乡村社会"研究团队。集体化时代是一个曾经影响了中国千千万万普通民众命运的年代，也是一个令人难以忘却的时代。直至今天，那个时代所形成的政策方针、理念思路，乃至革命传统依然发挥着一定的作用，但是从怎样的视角深化集体化时代的研究，这是我思考的问题。然而，2013 年，当我入职的时候，对于历史研究可以说一窍不通。在社会史中心教学与研究，一定要做历史研究，才可能站稳脚跟。同时，在高校当老师，如果没有课题，就如同在后宫没有子嗣这样严重。博士毕业后，很多老师申请的是和自己博士论文相关的课题。近些年，受制于社会环境的影响，以我的博士论文为选题申请课题基本上是不可能的，我必须另想出路。社科基金的选题来源不外乎两个方面：阅读文献和观察现在。由于史料储备不够，我只能观察现在。党的十八大以来，贫困、扶贫、脱贫一直是社会的热点话题。我记得有一天下午五点，在中心门口聊天，胡老师和我说："你可以关注一下扶贫，以这个申请课题。"受此启发，我就开始进行文献检索和查阅史料，我发现对于集体化时代的贫困问题，大多学者都是一笔带过，可集体化时代确实存在贫困问题。面对这样的状况，我想肯定可以做研究。但是又面临着时间、空间、研究内容等问题。社会史中心收藏着数千万件集体化时代农村基层档案史料，所以我将研究区域定在了山西。但是也面临着这样的问题，仅仅有史料就可以作为社科选题吗？标书中还需要向专家说清楚所研究区域的独特性。这让我陷入了困境。在行老师的启发下，最后我将研究区域定在了太行山区。燕山—太行山区是全国 14 个集中连片特困区，且在集体化时代涌现出西沟、大寨等一批典型。太行山八百多里，涉及三省一市，范围也很大，这就是 2018 年获批的国家社科基金《集体化时代山西太行山区的减贫研究》。课题从微观史的角度切入，归纳减贫的多元路径，构建减贫的相关理论，可以在理论层面对集体化时代"国家—村庄"

之间上下互动的复杂关系的学术积累做出贡献。太行老区在集体化时代一直走在时代的前列，开展这一特色区域的研究，对建构本土化的社会史理论和解释模式也具有重要的学术价值。课题的研究成果不仅能直接服务于新阶段的贫困治理实践、当下的精准扶贫，以及乡村振兴战略，更为重要的是，对太行山这样的"集中连片特困地区"脱贫路径的归纳以及脱贫效果的分析，可以为中国乃至世界提供理解发展与脱贫问题的实证经验。

与此同时，我还参与了两项重大课题，分别为山西大学郝平教授主持的 2017 年教育部哲学社会科学研究重大课题《中国传统村落价值体系与异地扶贫搬迁中的传统村落保护研究》，广西民族大学秦红增教授主持的 2018 年国家社会科学基金重大项目《乡村振兴背景下中国农村文化资源传承创新方略研究》。随着研究的深入，我对太行山传统村落也有了一些思考。我认为，"路"是太行山研究的重要切入点，可以开展太行八陉与山西传统文化景观构成的研究，将道路遗产这样的文化景观置于整体的、流动的、时空结合的状态中，考察道路与景观媒介、族群认同、宗教文化之间的复杂关系。在此基础上，进行"风景道建设"，在保护道路文化遗产的原真性、完整性的同时，提振地方经济、重塑族群认同，推动乡村振兴与区域复兴。针对乡村振兴，我在太行山区考察了长治市东、西黄野池这两个内地回族村庄的乡村振兴之路，研究指出：在新时期"民族互嵌式社会结构和社会环境"的理论背景下，需要探讨与反思具有少数民族特色的乡村振兴路径和模式。在发展主义的基础上，我提出了新发展主义，并指出构筑多元主体共同行动的路径，是推进生态文明建设，实现永续发展的必然选择。

四、回味社会史

2018 年 12 月，我调到了文学院民俗学研究所。离开中心，更加能感觉到中心这个学术机构的一些学术特点。仅举两点：其一，团队很重要。社会史中心现有专职科研人员 13 名，均为博士学历，其中教授 7 名，副教授 1 名，讲师 5 名，年龄结构以中青年学者为主，是一支极富活力和创新精神的科研团队。中心有总的研究方向，同时每个教师还有自己的研究方向，小的方向是大的方向的有机组成部分，充分实现了一加一大于二。其二，制度很重要。20 多年来，中心制度不断完善，例如鉴知名家讲坛已经举办了 110 期，每周三晚上的鉴知青年学术工作坊已经做了 136 期，每年两次的鉴知研究生论坛也办了 25 届；《社会史研究》也已经出版第十辑；学术会议、学术交流更是早已常态化。此外，每年中心老师的国家课题申报，都会首先在中心组织评审，行龙主任坐镇，中心所有教师参加，从题目开始，一字一句修改标书，这样的做法在国内外也并不多见。

从历史学再回归人类学与民俗学，我以为开展山西区域研究，应该把握四个关键词：第一，特殊的历史地理环境；第二，国家在场；第三，复杂的族群关系；第四，长时段的历史延续。金元时期山西籍著名学者郝经在向忽必烈上呈的《河东罪言》一文中高度评价山西的历史地位：

> 夫河东表里山河，形胜之区，控引夷夏，瞰临中原，古称冀州天府。南面以莅天下，而上党号称天下之脊。故尧、舜、禹三圣，更帝迭王，互为都邑，以固鼎命，以临诸侯，为至治之极。降及叔世，五伯迭兴，晋独为诸侯盟主，百有余年。汉晋以来，自刘元海而下，李唐、后唐、石晋、刘汉，皆由此以立国，金源氏亦以平阳一道甲天下。故河东者，九州之冠也。可使分裂顿滞，极于困弊，反居九州之下乎？

山西北靠游牧文明的蒙古高原，南临农耕文明的河南内陆，历史时期，这片区域是联系农耕民族和游牧民族的"桥梁"和"纽带"。

历代很多帝王在此建都，尤其是少数民族政权。因此，郝经提出河东是"九州之冠"。山西还是体现中华文明延续性特征最集中的区域。以旧石器时代为例，在黄土高原上发现的遗址就达到了一百多处。同时，这个区域从传说中的三皇五帝到今天，文化上构成了延续性，是中华文化延续性最为显著的区域之一。山西所在的黄土高原是中国，乃至世界古人类的故乡。因此，立足山西地方社会层面的历史文化研究，无疑能够揭示更多契合中国古代社会史逻辑的社会科学一般法则。这些新的法则将不仅有利于深化有关中华文明起源的研究，也将极大补充和修正人类文明发展规律的解释框架。上述认识，无疑与在中心的学习有密切关系。

总之，我学术的成长，与中心各位老师多年来的帮助密不可分。行老师曾谈道："要在雁门关、娘子关内做学问，也不要在雁门关、娘子关内做学问。"我将秉承既要踏踏实实，又要志存高远的理念，在做好教书先生的同时，"将文章写在三晋大地上"。在开启下一个三十年之际，祝愿中心再上一层楼，成为在全世界具有影响力的学术研究机构。

那一年，得遇先生，甘露春秋

孙　杰[①]

那是一个冬天。2011 年的冬天，极幸运的机会结识了行龙先生，并在先生门下开始自己的历史学博士后的学习生涯。记得那是一个上午，在我给先生发去是否方便接电话之类的信息之后，收到了先生的回电。在惊喜和感动之后，平复了自己的心情，向先生表达了自己想追随先生学习的请求。先生面含微笑地同意了我的请求，并给我以最大的便利办好了相关手续。还记得，我和先生第一次讨论关于如何开展科学研究的事宜；还记得，先生告诉我研究选题的技巧；还记得，先生叮咛我要努力学习，争取更大进步；还记得，先生教导我一定要从基础做起进行科学研究；还记得……从冬到冬，先生给予了我最大的关怀和鼓励。

又是一个冬天。2016 年的冬天，在先生的帮助下，我基本上完成了旷日持久的研究工作。在我随手捡起地上飘落的树叶时，也看到了手拿树叶的先生。叶落寻母，飘落后垂青于养育自己的大地。在我看到先生手中的树叶的那一刻起，师生情谊化作了飘落的情愁和淡淡的忧伤。我一直想做一个"老赖"，不想出站，甚至都没有主动提起过出站。因为社会史中心给我无数次的感动，让我陶醉在家中，毫无离意。中心的各位师兄、各位同仁给我提供了最大的便利。每次鉴知

[①] 孙杰，山西大学教育科学学院教授。

学术论坛、每次学术会议交流，都为我的成长和进步提供了精神力量和前行动力。路上碰到的寒暄、电话里的交流、偶尔学校活动中的碰面，都像家人一样暖心、动情。

又是一个冬天。《沁河风韵系列丛书》举行新书发布会，我也是其中的一分子。坐在暖暖的会议中心，看到同排的师兄弟满满的兴奋和自豪。我们受业于同一位先生——行先生。正是因为先生，我才有幸参与其中；正是因为先生，我才选择了可行的研究方向；正是因为先生，我才有勇气和力量，完成书稿的写作；正是因为先生，我才能捧着散发墨香的书籍，享受知识带给自己的幸福和快乐。手捧着书，感到了温暖；手捧着书，感受了力量；手捧着书，体悟到了幸福；手捧着书，铭记着教诲，充满了前行的力量。《文韵流觞海会寺》的情怀里，满满的幸福和快乐，感恩先生。

又是一个冬天。先生为我们精心安排研究工作汇报会，从汇报的日子到专家的组成，从表格的填写到论文的格式，大大小小，像父亲叮咛即将远行的孩子一样，充满了慈祥和爱意。到了结束一段研究工作的时刻，到了用自己的成果向先生表达敬意的时候，像先生一样成为一名"走向田野与社会"的智者才应是自己毕生的追求。

冬去春来，满怀希望！

玉壶存冰心　朱笔记师友

郭俊红 [①]

　　我初次听闻行龙教授大名是在山东大学读书期间。课堂上，叶涛老师谈起国内三大社会史研究中心，说其中之一就是以行龙教授为核心的山西大学中国社会史研究中心。随后，他点名对我说，以后如果回到山西做学术的话一定要去拜见行老师。当时课堂上的随口话语却在若干年后成真，我博士毕业后进入中心做博士后，合作导师就是行龙教授。初见行老师是在鉴知楼三楼的办公室，他坐在办公桌后，从研究兴趣、学术转向、生活困难等各个方面和我们交流，言语中缺少了往日的"霸气"，代之而起的是关怀与爱护。

　　2013年校庆前后，学院打电话通知我到办公室拿赠书。去学院的路上，我一直在猜测，赠书的人是谁？类似我这种无名之卒，能得到谁的垂爱呢？当办公室人员将《山大往事》递给我的时候，我一下就明白了，我知道这是行老师给我的赠书，尤其看到扉页上老师手写的"郭俊红同志存念"的文字时，对老师的感念之情油然而生。通过此书，我知道了山西大学的来龙去脉，知道她对于山西人的意义，更通过老师细数山西大学的种种过往，明白了老师对山大那份拳拳赤子之心。

　　受老师的学术影响，我也逐渐将自己的研究兴趣转向山西地方社

----

① 郭俊红，山西大学文学院副教授。

会,《沁河流域的成汤信仰》《山西龙王结亲故事的社会隐喻》《山西龙王传说类型与地理特征的关系》等研究成果,无不受老师"山西环境史""山西水利史"研究的影响。这些成果不及行老师开阔的学术高度,也不及老师门下郝平、胡英泽、张俊峰等教授师兄的研究深度,但我一直在努力向他们学习,尝试着赓续老师的学术思想,立足三晋大地,将老师提倡且践行的"走向田野与社会"的学术理念坚持下去。

到中心报到时,接待我的是时任中心主任的郝平教授。他先是翻看了我的个人申报材料,就我原来的专业问了一些问题,然后说:"这是和历史学完全不一样的学科,跨度比较大,得好好下功夫啊!"我在办理完入站手续后却得知他已经因为工作原因离开社会史中心了。但每次在路上偶遇,他都会准确地喊出我的名字,然后询问我最近都做什么研究了。每每这种交谈之后,我都特别感激他。我想一面之缘,竟能对我深切关怀,这其中除了他卓绝的记忆力之外,可能更多的是他对我这个外行的小师妹的爱护使然。

我对胡英泽师兄最大的感受,就是他是一个"双面人",生活中,他性格随和、言语亲切,我每次去中心查阅资料,他都要和我聊几句,有时说学习,有时谈工作,甚至聊生活工作中的不如意;与生活中的随和不同,学术研究中他特别严谨、细心,对材料深挖细掘地分析,对研究材料的小心求证、大胆推测都令我敬佩不已。其中印象最深的是他对中国土地问题客观准确的认知。讲座时,他先从中国农耕社会谈起,接着谈到秦晖的"关中模式",随后谈到这种模式可能并不适用于山西区域社会,抽丝剥茧,一步步地将问题深入,他说山西社会研究一定要注意土地问题,但山西土地问题决不能套用其他理论模式,要具体分析。听完他的讲座之后,我看待村落时特意加入"土地"维度,很多问题迎刃而解,提升了研究成果的深度。

张俊峰教授和我都来自晋东南地区,算是"半个老乡"。天然的地缘关系使我很难产生距离感,而他也爱在我面前"嘚瑟"——那种浑然天成的学术自信——让我钦羡不已。2016 年,行老师组织调查编写的《沁河风韵系列丛书》出版，蒙老师不弃，也将我的博士后出站报告纳入丛书系列，但此丛书要求通俗易懂，不能过于学术化，那几日我常常困顿于题目的拟定。某次路上偶遇，说起我的困惑，张师兄直指要害，说丛书出版一定要通俗简单，不能太学术化，大雅大俗常常是一念之间，要不你就用《沁河流域的成汤信仰》这个书名吧。我说，我的研究空间主要是阳城县，用沁河流域合适吗？他说，当然可以，阳城是沁河流域很重要的一段，并且将空间适当放大，有助于你日后深入研究，你可以以阳城为中心，沿着沁河流域继续关注成汤信仰。受他解惑，我不仅按时完成出版任务，而且时至今日，《沁河流域的成汤信仰》仍是国内成汤信仰的唯一研究专著。

由于"山东"这个空间的存在，让我和李嘎教授特别亲近，在他身上常常让我记起山东的师友，山东人豪爽义气的品行在他身上体现得淋漓尽致。我们常常站立在他的办公室，畅谈自己最近的情况，互捧一下最近的研究成果，再互相为学术困扰解惑，酣畅淋漓，我常想，如果我不是女性的话，我们一定会喝着热酒，俯仰之间快意人生！

在中心，对我帮助最直接的是资料室冯艳花老师，她就是我研究的"及时雨"，每每我需要查找资料遇到难题时，她施以援手，分秒之间就帮我解了惑。卓绝的专业技能，加上她每次的热心相助，使她成为我科研工作以及日常生活中依赖的长辈。我常常在下课后，直奔中心找冯老师，站在她的办公桌前，喝着她的咖啡，吃着她的点心，轻松地聊着家常。很难想象，如果没有冯老师，我如何捱过那些失意岁月？

因为我经常去"骚扰"冯老师，所以与中心各位老师都有交集。每次，他们看到我，都会主动说："你来了"。而我也总是很厚脸皮地说："我又来了。"叫我名字的常利兵老师，接送孩子路上碰面聊天的马维强老师、驻足街头热心帮我的韩祥老师、帮我购书的贾登红老师、腼腆内向的赵中亚老师和曾伟老师，称我为老师的郭心钢与张力老师，与人为善的他们常常让我可以毫不拘束地出入中心，和他们既可闲扯家常，也可高谈学术。

正月十四下午，我在万荣后土祠进行田野调查，中途接到俊峰兄发来语言聊天，嘱我交一篇纪念社会史中心建立三十周年的小文，短长不论，体裁不拘。思前想后，我提笔记下我与中心各位老师的交往小事。文字随意感性，看上去有点不严肃，但娓娓道来，却不失一种人间脉脉温情，在当下冷漠的人际交往中，更显珍贵。我早已把自己当作社会史研究中心这个大家庭中的一分子，他们都是我的兄弟姐妹，因为各位真心付出的师友，我想"常回家看看"！

学术的底色

——记在山西大学中国社会史研究中心学习的日子

侯晓东 [①]

如果说学术是一幅美丽的画卷，那么底色就是在山大三年硕士阶段描绘的。而这样的底色在每一次回望时，会越发突显、越发明晰。

一般而言，学术不外乎视角、方法与材料。在社会史中心学习期间正是中心水利史研究最为火热的阶段，业师张俊峰老师正在进行有关水利史的相关研究，自己初触学术，也就照猫画虎，稀里糊涂地开始关注水利史的相关研究，当然那时更多的是不明就里地乱翻书了。特别是有一次，张老师指导我们对非洲有关水利研究英文论文的阅读，自己英文比较差，实在也不知道老师为什么要我们看关于非洲的研究，就草草应付。许多年后，才在相关学者的研究中发现，社会史中心的水利史研究不仅仅是关心水利本身，而是将其放入一个通过水利视角理解中国社会历史的脉络之中。而那样的训练，正是要我们在更广泛的意义上理解水利史研究。虽然硕士阶段的毕业论文选题没有以水利视角切入，此后博士论文的选题，却正是在关注水利史相关研究的基础上发现的。回想起来，也许水作为必须性的资源，在任何一个社会的历史发展过程中，都具有勾连多要素的优势，以水切入，展开对于历史与文化的研究确实是一个理想的视角。

①侯晓东，山西大学中国社会史研究中心2010届硕士研究生，现为宝鸡文理学院历史文化与旅游学院讲师。

在水利史之外，人口、资源、环境史作为中心的一个研究方向，我的硕士毕业论文可以算作这一方向。在硕士论文撰写阶段，张老师不断地向我明确表示，我的论文应该是经济史、社会史与环境史相结合的一个题目。但我天资愚钝，直到毕业，也没有做到在毕业论文中将三者结合起来，只是在这一过程中，受到张老师及和他同一办公室的可爱而睿智的李嘎老师潜移默化的影响，似乎明白地理学的因素在我的硕士毕业论文中有所体现，特别是辛苦李老师帮我完成的山西土盐分布图，更是一目了然，让我感受到历史地理学的魅力。毫不意外，我最后攻读博士学位，就默默地选定了历史地理学。后来发现历史地理学和社会史还是有很大的区别，以致博士论文完成之后，在预答辩的过程中，还有老师认为我的历史地理学差了点意思。但是回过头来看，也许社会史与历史地理学的结合才更有意思，当然我也时常安慰自己，不管是什么，就像近些年大家都挂在嘴边的，我这是以问题为中心，不要被学科的边界所束缚吧。

当然社会史中心给我的第三点帮助，就是当年对整理集体化时代档案资料的直接而深刻的体验。行龙老师作为中心的领导，以极具前瞻的学术眼光与意识，发现了集体化时代资料的价值与意义。但是对于我们当时在读的硕士而言，更多的却是必经的整理资料与收集资料。连续几年的寒暑假，整理资料成为社会史中心的保留节目，而且当时有传言，如果有人没有收集到资料就不能毕业。当然，这样的要求也只能是传言，可能的原因是中心的老师希冀通过这样的方式，督促大家认识到资料的重要性。经过这样的资料收集和整理过程的训练，也使我此后一直关注底层资料的搜集，虽然没有太大收获，但是对史学研究与资料之间的关系、一手资料的重要性等，却有了切身的体会。

专业已经十年往上了，拉杂写了这些，更多还是感恩与感谢。这些年东一榔头西一棒子，没有什么拿得出手的东西，但是一些史学研究基础性的训练，却正是在山西大学中国社会史研究中心涂抹上的。在中心成立三十周年之际，写下这些，是祝福也是回忆。

感恩

——写在山西大学中国社会史研究中心成立三十周年之际

李志强 [1]

　　从获悉中心成立三十周年要征集纪念文章起，自己就一直在琢磨写些什么。但直至今日，几易其稿，都不尽如人意，总感觉差些什么。最后的截稿日是 11 月 25 日，恰逢 11 月的第四个星期四，正好是感恩节，心头豁然一亮，这不正是自己一直在找的主题和关键词吗？！"感恩"一词萦绕脑海整整一天，总想提笔赶紧写下，却总有外事干扰，无法一气完成，只能趁着夜深人静、加班任务完成后重新写下这篇不成体例的杂文，文眼就一个词、两个字——感恩。

　　我是 2004 年 9 月考入山西大学历史文化学院的，当时压根没听过"社会史"，懵懂地开始了大学本科生活，因为学科的原因，自己泡在图书馆的时间比较长，现在还记得当时借阅系统显示的"中国社会史研究中心"就在图书馆的最高层，面积不大，书籍不少，而且很多都是赠书，只能看、不能借，还得悄悄地看，不能发出声音，因为旁边有老师和学长们在写论文、整理资料。大三时开设了社会史课程，当时才算是真正接触到中国社会史研究，也产生了一些兴趣，开始向老师请教了解；随后考研，机缘巧合之下，我于 2008 年 9 月成为中心

----

① 李志强，山西大学中国社会史研究中心 2011 届硕士研究生，现为山西水利出版传媒中心执行董事。

的一名研究生，跟随导师张俊峰老师开始了在中心求学的三年生活。现在回想在社会史中心学习的三年，可以说是自己学生时期经历最多、成长最丰富的三年。在中心成立三十周年之际，自己最想说的也只能用"感恩"来概括。

感恩中心的悉心培养。山西大学中国社会史研究中心是国内最早开展中国社会史研究的主阵地之一，从乔志强先生奠定基础起，中心的学术研究一直是独树一帜，在国内外社会史研究领域占据着重要位置。自己有幸进入中心学习三年，受教于诸位恩师，求教于各位学长，何其幸哉。研究生学习的三年时间里，中心每年都会举办学术研讨会，邀请国内外学者专家莅临讲学指导，用个时髦的词形容，都是学界"大咖"，自己不仅能现场聆听学习，还能感受国内优秀知识分子、学界文人的风雅，更能作为一名组织参与者，全程谋划和参与会议进程；不仅拓宽了视野、增长了见识，更难得的是锻炼了自己。2009年夏天在大寨村召开的"集体化时代的中国农村社会"国际学术研讨会，是自己第一次提交学术论文参加研讨，第一次在学界前辈面前阐述自己的认知观点，羞涩和稚嫩中展现了自己，现在还难以忘记老师们对自己论文肯定时的激动和兴奋。如果不是中心提供的机遇和平台，自己怎么能找到自信和勇气。为了加强研究生培养，中心专门创办了以学生为主的鉴知学术论坛，让不同年级的学生提交论文，共同讨论、共同学习，以达相促相长之成效。于我而言，从首届开始，直至毕业，每次的论坛我都全程参与谋划和组织，从文稿编排、海报印刷张贴、会场布置、激烈讨论、编发新闻、会议综述等，自己在每项事务、每个过程中感受着、成长着，也为自己今后的道路学习着、积累着。

感恩师承的务实认真。不管是在图书馆十层，还是在鉴知楼一层的硕士研究生工作室，一直挂着"宁坐十年冷板凳，不写文章半句空"。在中心学习的时间里，体会最深的就是"较真"两个字。为了找到一条史料依据，老师们从古籍到期刊，从体例正史到丛书杂谈，从书架上的"大部头"到麻袋里倒出来的"资料堆"，一直在翻找，不仅仅是想看到"历史的真相",更想找到"社会的规律"。其实,社会史研究一定程度上也是"经世致用"之学,通过研究曾经的社会事件和关系,以"人"为中心,找寻社会发展规律和图像,指引未来社会发展。为了找寻些许记忆,老师们带着我们攀山越岭、翻墙倒柜,又饿又累的情况下,每天晚上都要例行总结,谈一天的体会收获,安排第二天的分工任务。记得随同导师前往汾阳市调查文湖的情况时,在老乡中得知有块碑被埋了起来,老师当即借来铁锹挖,脸上的汗水不断,但看到露出的碑文,高兴得像个孩子。初心是奋斗的"原点",执着如同"半径",正是这种务实和认真成为中心的一份传承、一种风气,正是这份执着和坚持诠释了山大校训的"登崇俊良、求真至善",也正是这份坚守和遵循成就了中心三十年的成绩、结下了"满树桃李"。自己在今后的道路中,将牢记"板凳要坐十年冷""始于初心、成于坚守"这份难得的师承,以出世的精神,做好入世的事情。

感恩老师们的豁达关爱。十多年前,中心老师大部分都很年轻,再加上性格都很随和,在日常的学习生活中,学生们的胆子都不小,与中心老师的关系可以说是亦师亦兄亦友,既有严师之教,又有为兄之情,更有为友之谊。张俊峰老师、胡英泽老师、李嘎老师、马维强老师、常利兵老师、韩晓莉老师、周亚师兄等,上课时谈笑风生、共同学习,下课后欢声笑语、共同进步,球场上也敢猛头抢断、争分夺赢。授业时,老师们是认真的、严肃的、一丝不苟;讨论时,老师们是包容的、积极的、中肯鼓励;下课后,老师们是洒脱的、活泼的、青春洋溢。还记得当时毕业论文答辩时,自己提出了"水是经济社会发展的基本要素""以水为本为要"的观点,答辩委员会的主席老师觉得与"以农为本"的学界认知是相左的。但行龙老师一句"学术就是用来讨论的,观点可以是多种多样的",既彰显了学者对于学术的兼收并蓄,更体现了为师者的宽容豁达和关爱。

感恩同窗的深情厚谊。虽然毕业多年,但同窗之谊仍难以忘怀。三年时间里,既佩服张仲伟师兄的博学多识、曹雪峰师兄的诙谐幽默，还有侯晓东师兄、杨瑾师姐的关照呵护，更有翟军、董海鹏、巩慧贤、王燕萍等同学的互帮互助、共同学习进步，再有张瑜、袁兆辉、郭宇等师弟师妹的帮助。每年整理基层档案时，大家都是戴上口罩、紧张忙碌，时不时还互相逗闷，说着档案中发现的逸闻趣事，还有整理地契时、下乡调研时的相互帮携，讨论学习、分享成果时的热情洋溢……今年是研究生毕业十年，本想聚一聚再絮叨絮叨上学时候的故事，奈何疫情紧张，只能暂缓再定。

明年是中心成立三十周年，也是山西大学建校一百二十周年，"一所大学，两个甲子；一个中心，四代学人"。稽首期盼能再回校园，与师友再聚。感恩师友一直以来的关心呵护，祝愿"三十而立、风华正茂、正值壮年"的山西大学中国社会史研究中心越办越好！

薪火相继: 从"史学革命"到"资料革命"

张　瑜[①]

　　2010 年秋, 我有幸进入中心学习, 在这里度过了三年硕士、四年博士的求学生涯, 到 2020 年博士研究生毕业, 整整十年光阴。回想起来, 十多年前初来乍到的喜悦和懵懂, 恍如昨日。犹记得硕士期间发表第一篇学术论文的激动与惶恐, 第一次独自进行田野调查的果敢与收获, 第一次到校外参加学术会议的紧张与兴奋, 第一次目睹名家风采的崇拜与景仰, 第一次面对成堆档案时的惊叹与无措。这些经历如点滴的萤火之光, 不经意间在一个初学者的心中汇聚, 尽管微弱, 却不曾熄灭。

　　硕士毕业三年以后, 我选择辞职回到中心攻读博士学位。为了能让我顺利毕业, 新学期刚开始, 张俊峰师就和我商量并敲定了博士论文的研究方向——集体化时代的农村社会史, 这个方向是中心最富有特色的研究领域, 拥有扎实的研究基础和丰富的史料支撑。但是, 因我硕士期间跟随张老师所做的是水利社会史和宗族的研究, 贸然进入集体化时代研究领域, 还是没有手到擒来的自信和勇气。张老师一再鼓励我:"作为一名博士, 要有自己相对独立的研究领域, 总跟着导师做, 怎么会有创新和超越?"好在硕士阶段就在中心学习, 对老师

---

① 张瑜, 山西大学中国社会史研究中心 2020 届博士研究生, 现为山西大学马克思主义学院博士后。

和同学们所做的集体化相关研究并不陌生，又有硕士阶段两个暑假亲手整理农村档案的经验，耳濡目染之下，使我在开展研究之时不至于手足无措。

"走向田野和社会"是中心倡导的治学理念，在经历了一年半的档案阅读和整理工作之后，田野调查就成为解决查阅档案所带来的困惑的捷径。张老师对调查毫不懈怠，那段时间老师诸事缠身，本想等他忙过这一段再提调查之事，他却回复我："我认为调查非常重要"，在他的督促下，我第二天一大早就踏上了去往阳城的田野调查之路。因阳城是张老师的家乡，为了使我对研究对象有更深的体会，张老师以当地人的身份带我走遍了村庄的大街小巷，寻访村干部和档案中涉及的当事人，给我讲述他所知道的一切有关村庄的历史，搜寻论文中相关的档案资料。言传身教中示范给我如何接触当地老百姓、如何做口述、如何按图索骥搜集资料。之后便有了第二次、第三次、第四次的田野调查经历，即便是他没有亲自带领，我也多了一分勇气和从容。

因研究的缘故，我完整地接触到一个村庄集体化时代的档案，正是这些档案，成为支撑我完成博士论文最足的底气，并将我带回了一个火热的年代。透过这些时而工整、时而潦草的字迹，我努力地去理解集体化时代的农村社会，去理解生活在那个特殊时代的人们。在一次次翻阅、整理、抄录档案的过程中，似乎也对这些故纸产生了别样的感情。我时常觉得，包括这些档案在内的史料，是沟通现实与历史的时空隧道，是一个个无声电影的片段，阅读这些史料的过程，就是倾听这些无声地诉说，并尝试解读、表达的过程，乐在其中。

史料对历史研究者的重要性不言而喻。特别是自社会史兴起以来，不仅在研究领域方面得到了前所未有的拓宽，改变了以往以宏大叙事为主的叙事框架，打破了固有的解释体系，更是在史料扩充方面颠覆了以往传统的观念，曾经被束之高阁的各类基层档案如今显得炙手可热，不得不说这是爆发在史学界尤其是集体化时代研究领域甚至是中国当代史研究领域的一场"资料革命"："目前中国当代社会史的兴盛发展更需要注重对相关档案资料特别是基层档案资料的不断发掘、搜集、整理和利用，这或可称之为一场新的'资料革命'。"（行龙语）之所以是"新的革命"，必然是对"旧的革命"的继承与发扬，这就不得不追溯到近一个世纪以前梁启超对史学的"革新"。

20世纪初，梁启超提倡的新史学可谓是振聋发聩，以"史界革命不起，则吾国遂不可救"的理念首开史学革命之先河。无论是史观还是史料观，都深深影响着此后史学的发展方向，而他对于史料的解说，更是颠覆了传统的史料观。

（一）重视档案的利用和保护。梁启超将获得史料之途径，从传统的"文字记录者"拓展到"文字记录以外者"两大类。按照他的说法，档案和函牍作为"关系史迹之文件"一类的"最大宗者"，仅有关系史迹"千百之一二"留存下来，为此，梁启超也曾大声疾呼要重视档案的保护："档案被采入者，则附其书以传，其被摒汰者，则永永消灭，而去取得当与否，则视乎其人之史识。其极贵重之史料，被史家轻轻一抹而宣告死刑以终古者，殆不知凡几也。二千年间，史料之罹此冤酷者，计复何限。往者不可追矣，其现存者之运命，亦危若朝露。"半个多世纪以后，集体化时期的档案，特别是散落在村庄的基层档案，又何尝不是面临着"危若朝露"的命运呢？因此，开展集体化时代基层档案的搜集工作则成为当务之急。

（二）善于利用各类史料。梁启超独具慧眼，认为"在寻常百姓家往往可得极珍贵之史料"，特别提到账簿、家谱、小说的史料价值。例如商铺或普通家庭的流水账，抑或是常见的家谱族谱等。虽是寻常之物，但"牛溲马勃，具用无疑"，"在学者之善用而已"。集体化时代基层档案资料的种类可谓应有尽有，"包括农村总账、分类账、分户账、日记账、工分账、社员往来账、实物收付账、现金收付账、实物明细账等等各类纷繁多样的账册；中央、省、地、市、县、乡（公社）、生产大队、生产小队各级的文件、计划、总结、制度、方案、意见、报告、请示、指示、通知、讲话等各类文书，政治、经济、军事、文化、宗教、教育、社会方方面面无所不包；大量阶级成分登记表、斗争会和批判会记录、匿名信、告状信、决心书、申请书、判决书、悔过书、契约、日记、笔记，等等个人与家庭档案无奇不有；宣传画、宣传册、领袖像、红宝书、红色图书、各地不同时期各种小报、各类票证等也有一些收藏。"如此林林总总的史料种类，为研究者提供了无比丰富的空间和选题，正应了梁启超所言"善为史者，于此等资料，断不肯轻易放过，盖无论其为旧史家所已见所未见，而各人眼光不同，彼之所弃，未必不为我所取也。"因而，从不同的兴趣和领域出发，基于数量与种类繁多的史料基础，集体化时代的农村研究应当大有可为。

　　如果说梁启超倡导的新史学是重新厘定什么是历史的问题，那么傅斯年和他所在的中央研究院历史语言研究所开展的工作，则是解决如何研究历史的问题，可谓是近代中国史学的第二次革命。与梁启超主张善于利用各类史料的观点相类似，傅斯年则更加重视史料尽可能地扩张，并以此作为判断学问是否进步的标准；"凡能直接研究材料，便进步；凡一种学问能扩张他所研究材料便进步，不能的便退步。"除此之外，研究者是否能够主动做到寻找新材料，则关乎学问的发展："西洋人作学问不是去读书，是动手动脚到处寻找新材料，随时扩大旧范围，所以这学问才有四方的发展，向上的增高。"正因如此，便有了那句"上穷碧落下黄泉，动手动脚找东西"的经典论述。在如何寻找史料开展研究方面，傅斯年在《历史语言研究所工作之旨趣》中明确介绍了新的工作方法："历史学和语言学发展到现在，已经不容易由个人作孤立的研究了，他既靠图书馆或学会供给他材料，靠团体为他寻材并且须得在一个研究的环境中，才能大家互相补其所不能，互相引会，互相订正，于是乎孤立的制作渐渐的难，渐渐的无意谓，集众的工作渐渐的成一切工作的样式了。"这种新的模式被概括为"集众式研究"，他特别强调研究过程中团体的合作，而这样的研究过程必定要经历找寻材料的阶段。王汎森在评价这种以大规模的团体方式外出寻找史料以及收集史料的方式时说："这种以集众的力量，有计划、有步骤、长时期到各地搜集史料的方式,给当时人留下深刻的印象,今天回顾起来,或许不觉得这种工作方式有什么特别之处,可是在当时如此这般获得史料、扩充史料,的确是前所罕闻的"。

如今,这种"集众式研究"的调查和研究方法已被广泛运用在集体化时代资料的搜集和研究当中,面对种类繁多、数量庞杂的资料群,依靠集体与团队的力量对集体化时代的资料进行搜集、整理和研究工作,不仅形成了"一种集体的自觉",更在实践中丰富了其内涵,即"走向田野与社会"的学术实践:"在获取历史现场感的同时获取地方资料,在获取现场感和地方资料的同时确定与认识研究内容。"(行龙语)

在对史料的开拓和搜集方法的运用方面,梁启超和傅斯年无疑引领了20世纪初史学界的潮流,除此之外,其他史学前辈在运用和搜集史料方面也各有所长:例如陈垣善用工具书搜集史料;陈寅恪在史料运用方面的原则,一是尽可能扩充领域,二是取材详备,宁详勿略,且善于运用小说证史,注重私家记载;蔡元培相信官文和私记"合之则两美,离之则两伤";顾颉刚强调对各种史料要"一律平等看待"。这样的观点在史学界已成为经典,可谓常提常新。

以上在讨论过20世纪的史学革命在史料观点的革新对搜集和运用集体化时代资料的影响后,这里想做两点总结:

首先,以梁启超、傅斯年为代表的新的史料学观点虽各有千秋,但求同存异中概括其共同之处就是"既广且精、官私并重"。应用到处理集体化时代的资料时又有两层含义:一是在搜集和整理时的"广而精",既要做到对材料系统全面的搜集,又要做到对"重点材料"(阶级成分登记表、账册资料、上级来文)的精心整理和运用;既要注重官方档案的搜集,也不能忽视存放在村民家中零散的个人资料(如日记、家谱等);二是在运用资料做研究时的"广而精",既要有"核心史料"支撑,也要"取材详备",尽可能将史料丰富多元化,避免资料单一的弊端;既要注重基层档案、私家记载,也不能忽视中央和地方的官方文件，对各种史料"一律平等看待"。

其次，以梁启超、傅斯年为代表的新的史料学观点一经提出，立刻获得学界同仁的认可，这"与当时整个中国的思想文化生态有关"（王汎森语）。半个多世纪后，面对中国当代社会史研究领域亟待填补的空白，新的环境需要有新的史观相适应。其中最重要的也是基础性的工作就是对新资料的发掘与利用，新的"资料革命"也就应运而生，它尤其强调以"集体调查"的形式开展集体化时代的基层档案资料建设工作："只有通过'集体调查'，才能在这场新的'资料革命'中全面系统的搜集档案资料，从档案资料中发现问题，从发现问题中解释历史，形成一个良性互动的循环链，进而将中国当代社会史研究不断向前推进。"（行龙语）从对史料观的革新角度来说，"资料革命"与20世纪的史学革命是一脉相承的。

陈寅恪在《〈敦煌劫余录〉序》开篇写道："一时代之学术，必有其新材料与新问题。取用此材料，以研求问题，则为此时代学术之新潮流"，对新材料的作用一言以蔽之。以新材料解决新问题，以新材料拓宽新领域，以新材料探寻新方法，在集体化时代的资料搜集和运用方面，体现得尤为明显。经过多年来的不断探索和实践，新的资料，特别是基层档案资料不断地被搜集、整理和利用，有些已形成规模化、系统化。目前学界在搜集和利用集体化资料时所倚重的方法各有侧重，或独辟蹊径、或博采众长，可谓春兰秋菊、各有千秋，然而，"走向田野与社会"的治学理念是中心学人一贯所秉承的，为学界所公认。

作为国内社会史研究领域的重镇之一，山西大学中国社会史研究中心极其注重社会史资料的收集，可谓是中心最鲜明的特色。早在20世纪80年代末，在乔志强先生的指引下，中心就奠定了收集地方文献的价值取向。二十余年来，这样的价值取向在中心三代学人之间薪火相传，到目前为止，已收集到了大量地方民间一手文献，其中最具特色和价值的应当是"集体化时代山西基层档案资料"，备受学界瞩目。十多年来，秉承"走向田野与社会"的理念，采用"集体调查"

的方法，行龙带领师生掀起了史学界的一场"资料革命"。他们脚踏实地、栉风沐雨，带着"咬定青山不放松"的精神，足迹遍布三晋大地，收集到了两百多个村庄、数以万计的集体化时代基层资料，内容繁多、数量庞杂，这些以记录村庄、农民生活为特点的文献资料和实物，全面而深刻地展现了以山西为代表的中国北方农村从互助组到人民公社解体这段"集体化时代"的历史，成为研究集体化时代最为翔实和丰富的资料库。

2008年，中心利用搜集到的集体化时代农村社会档案资料，创建了国内独一无二的"集体化时代的农村社会"展览馆，细腻生动地展现了以山西为代表的中国北方农村从互助组到人民公社解体这段特殊的历史，"展览馆不仅成为山西大学中国社会史研究和'情境化'教学实践的重要平台、真实再现集体化时代农村社会变迁过程的重要场域"（《光明日报》），成为"爱国主义教育基地"，吸引了国内外以及港台地区的学者和社会各界人士前来参观访问，在资料建设利用方面独树一帜。

对于这批来之不易的资料，中心师生绝不会漠然置之。首先，在资料利用方面，《走向田野与社会》的出版，可谓开辟了"集体化时代"研究这一新领域，中心也将集体化时代的农村社会研究作为主要的研究方向之一，依托资料开展了一系列相关研究，成果卓著，不胜枚举。其中以《回望集体化：山西农村社会研究》为代表，汇集了中心师生近年来公开发表的有关集体化时代研究的论文，反映出山西农村在集体化时代基层社会变迁的历史。其次，在资料建设方面，随着资料的搜集和研究工作日益丰富与成熟，整理出版山西农村社会基层档案资料及数据库的建设工作已逐渐被提上议程。2011年，率先推出了《阅档读史：北方农村的集体化时代》一书，精选典型史料，以图配文，勾勒出了半个世纪"集体化时代"的北方农村发展史。2012年，由行龙主持的国家哲学社会科学基金重大招标项目"当代山西农村基层档案资料搜集、整理与出版"立项。以此为契机，2014年1月，正式启动了山西农村基层档案的扫描工作，目前已完成了平遥县道备村等五个大队（公社）的扫描工作，总计近 12 万页。在此基础上，计划以影印形式出版资料集 50—100 册，为建立和完善以《山西大学集体化时代中国农村社会档案数据库》为名称的数据库软件打下了坚实的基础。

不仅如此，除了传统的档案整理工作，在如今的互联网和大数据时代的背景下，学术研究与大数据的结合成为不可阻挡的潮流。由大数据促成的史学领域研究方法、路径的深刻变革，引发了学界的讨论和关注，有一些学者已率先采用了数据库或数据分析方法开展集体化时代的研究。集体化时期留存的农村档案中，很大一部分是阶级成分登记表、会计凭证、账册、报表、"四清"档案，这一类的统计型档案就为建立数据库和运用量化数据库研究模式进行集体化时代的研究提供了可行性基础。中心紧跟时代步伐，自 2014 年以来，山西大学中国社会史研究中心与香港科技大学李中清量化史学团队合作建立"四清档案数据库"，到目前为止已经完成 36 个大队，179 个生产队，7741 户的数据库建设，每户包含 214—230 个变量。除此之外，阶级成分登记表也是集体化时期农村档案的重要类型，目前，中心已整理出"10 余县份、60 多个村庄、近 300 个生产大队超过 10000 户（家庭）的相关资料。"量化数据库模式对于集体化时代的研究意义就在于："通过对现有的《阶级成分登记表》数据库的统计分析，可以发现土改前后、集体化时期山西乡村的多样性、丰富性、差异性，也可以说明集体化在村庄层面具体实践的差异性，这是个体村庄研究所不具备的。"（胡英泽语）

如果从 2003 年行龙老师在旧货市场的那次"淘宝"算起，经过近二十年的不懈耕耘，中心不仅展示了集体化时代农村资料建设方面的卓越成就，并把集体化时代的中国农村社会研究推向了最前沿。这其中，则凝聚着"薪火相继"的传承精神。

前人栽树、后人乘凉，得益于中心的史料和对史料的态度，我还保持着心中那束光的明亮。真心地感谢中心对我的培养，这里不仅教给我学识和追求学识的态度，还教会我面对人生和生活的姿态，无论身在何方，我都会以中心为荣，始终关注着她发展道路上的一点一滴，也时刻警醒我作为中心学人不可有丝毫懈怠，铭记"研经铸史，薪火相继"。

祝福中心！

中心于我

杨立群 [①]

　　2021 年秋，某个平凡的晚上，在经历了一个半小时换乘、堵车、颠簸的公交旅程终于到家后，我头昏脑涨地打开了手机，突然看到师弟转发的庆祝中心成立三十周年的邀请函，一瞬间，脑子顿时清醒。时间是最高明的小偷，可以让昨天发生的事情瞬间变成十年以前：2012 年 5 月 20 日，作为中心一员的我，躬逢中心成立二十周年胜饯，激动而又紧张，那个战战兢兢的身影还在眼前晃悠呢，十年就过去了。此时，脑海中只有一句俗不可耐的感慨："人生有多少个十年啊"！

　　少年不识愁滋味，求学的时间总是过得很快；"而今初识愁滋味"，终日忙于鸡飞狗跳的生活琐事，时间过得也很快。一闲一忙之间，十年就过去了。

　　记忆是个很奇妙的东西，你以为很多刻骨铭心的事情，终会随着时间的流逝而忘却；你以为很多平凡不过的日常，却又像石刻上的铭文一般，白驹过隙的时光只会让它暂时蒙尘，只需要轻轻一拭，便又清晰了起来。这封邀请函便是这不经意的一拭——无数被忙碌的生活、工作所尘封的细节，借由这一拭，被开启放出，闪现在脑海，也才意识到，原来不知不觉，中心所给予的一切，不只深藏在脑海里，也镌刻在行动上。

---

① 杨立群，山西大学中国社会史研究中心 2015 届硕士研究生，现为山西博物院馆员。

初识中心是在大二下学期《区域社会史研究导论》的课上。由行老师开启的社会史导论概述打开了历史研究的一扇新门。对于刚刚摸索着叩开历史学大门的我来说，中心老师们带来的社会史理论、研究方法、研究案例的冲击是巨大的，甚至是颠覆性的。原以为的历史，在庙堂之上，在官方文献、在史馆、在刊刻的史籍中，却原来也在江湖之远，在民间、在田野上、在破庙里，甚至在平时路过都不会看一眼的废纸堆中。走向田野与社会，可以搜集到各种不同种类的地方民间文献；走向田野与社会，也可以更好地解读文献。于是，在这个暑假中心提供学生田野实践机会时，毫不犹豫地报名就成了顺理成章的事情。最终，作为唯一的女同学，我有幸跟随马老师、邓老师前往潞城，在忙碌、充实而快乐的一周中，切实体会了第一次的田野工作。

那一周，白天我们兵分两路，他们跟着马老师走乡蹿村收集纸质材料；邓老师和我组成"娘子军"前往档案馆斗智斗勇拍摄照片，诚如邓老师所言，我们"娘子军"就是在"打仗"。晚上，我们一起交流收获心得，讨论自己感兴趣的方向，两位老师对我们的发言进行点拨启发。田野实践、总结成果、提出观点、专家点评，很多研究生阶段才会经历的过程我们在大二就早早参与，弥足珍贵。

这次的田野实践，为我注入了一剂强心针，对社会史的理解更加深刻，对中心的向往也日益加深。我们这次收集的材料也成了中心材料库的一部分，在读研后不时有老师同学用到了这批材料，他们总会说"就是你们那次收回来那批嘛"。虽然忝列"你们"之中有贪天之功之嫌，但心里也确实美滋滋的，与有荣焉。那时候，中心于我是向往、是肯定、是方向。

研究生的三年缘分与中心继续，得以进一步对中心有所了解。和本科不同，读研之后，生活和学习好像完全进入了另一种状态：时间被填满了。扫描资料、看书、写读书报告是生活的常态，读书会、田野考察、鉴知论坛是学习的常态。不知不觉中，研二了，学位论文的选题又成了一个大问题。和雪敏下定决心去做口述史时，心中也充斥着彷徨和不安：中心没有人真正做过一篇口述相关的硕论，摸着石头过河，我们行不行？口述过程会遇到很多未知的困难，我们能不能克服？以口述记录为主要材料形成论文，我们会不会被认可？幸好，我们不同的选题在同一领域，可以在相互鼓励中共同成长。半年时间，我克服社交恐惧，见人就能"尬聊"，河北人雪敏克服语言不通，已经可以听懂地方俚语了。

　　成长有一个叫作痛苦的别名，我们忘不了访谈对象拒不配合时在路边相拥无助痛哭的自己；成长也有一个叫作快乐的别名，我们也忘不了曾深夜誊完录音发现几天口述可以相互印证时兴奋大叫的自己。在这期间，行老师百忙之中对我们多加关心，其他老师在技术方法、生活保障上都对我们多有关照。还记得，后来拿口述的成果去参加中山大学的学术论坛，第一次正面迎接传说中中山大学疾风暴雨似的论坛，结束后主持人让大家各自说下自己的感想。因为我是最后一个下台的，于是成为第一个发言的，当时自己的真实感受就是"因为在山西大学中国社会史研究中心经过了历练，所以没有出现什么水土不服"，逗笑了在场的老师和同学们，为我的中山大学之行，画上了圆满的句号。读研的三年，是中心教我真正成长的三年，无论是知识、心理还是精神。那时候，中心于我是挑战、是突破、是坚持。

　　毕业后，工作远在离故土千里之外的南京。虽然以历史研究岗进入单位，但恰逢单位进行人事档案专审及电子化，故留在人事处；虽然在与历史专业对口的博物馆，却做着与历史学完全无关的工作。在南京，周围的年轻同事多是985、211高校毕业生。一个来自外省且无名校光环的新人，在工作之初可以说很难被看重。然而仅仅两个月后，这种状况便得到了改变。在职场上给予我巨大帮助的，是研究生期间无数次的"阅档"。在大家都初做人事档案，且没有专业老师指导的情况下，我能迅速分辨出各类材料归档分类及认定标准，成为工作的主心骨，同事询问原因时，"无他，惟手熟尔"就成了标准回答。因为和在中心时大量阅读的档案相比，几十年后的人事档案的分类和内容竟然大致相同。在之后的工作中，无论是烦琐的人事工作、与人交流的种种还是偶尔参与的专业技术工作，经常会发现，能熟练运用的技能及方法，均是在中心期间的各种经历赋予我的，这些也都成为我的能力。熟练运用文档表格的各种常用或不常用功能，是写研究生学位论文时学习的技能；应对人事交流或谈心、或劝阻、或建议，是做口述时锻炼的观察与交流技能；为课题作图增色，是向中心李嘎老师学习的作图技能；开会讨论时能迅速抓住重点并提出建设性意见，是读书会及鉴知论坛锻炼出来的反应力……诸如此类，助我在工作中得心应手，得到了大家的一致认可。这时候，中心于我是守护、是后盾、是坚定。

曾有很多人问我，学历史那么多年不做与历史相关的工作可惜不可惜；也曾有很多人问我，不继续深造读博后悔不后悔。人生哪有那么多的选择次次是顺自己意的呢？我所学到的我所得到的，成为我自己能力的一部分，助力于我生活工作的方方面面，已不负所学、不负所历，这也是中心精神所赋予我的。

2012年，作为大四学生的我，坐在中心会议室，一脸懵懂地听着中心的前辈们谈论着自己的人生起伏与中心对他们的影响，内心充满着好奇与感动。二十周年，中心风华正茂。2021年，迈过一些必经的坎坷，才越发懂得了十年前前辈们的感受。"三十曰壮"，中心正是年轻力壮的好时候呢。祝中心三十岁生日快乐，希望带着中心精神的印记，我能陪它一起走过四十年、五十年、六十年……那时候，中心于我是惦念、是守候、是支撑。

总而言之，中心于我，是很多……

十年：从社会史向视觉文化研究的眺望

孙玉坤 ①

　　徐悲鸿先生的大型国画作品《在世界和平大会上听到南京解放的消息》在中央美术学院百年校庆特展《悲鸿生命——徐悲鸿艺术大展》展出。在欣赏新中国文艺界前辈群像时我惊讶地发觉，1949 年中央美术学院院长徐悲鸿先生与山西大学校长邓初民先生，曾经在布拉格的会场那样亲切地站在一起，共同迎接新中国的到来。山西大学广场上的邓初民先生的雕像瞬间浮现在我的脑海，或许美术图像与社会史研究本来就应该这样亲切而坚定地在一起。前辈先贤的交流，已为后生学子在艺术与历史之间的探索奠定了可能。我不禁想起行龙老师的著作《山大往事》中的《山西大学校史三题》，将其中提及的邓初民先生的《中国社会史教程》《政治学大纲》《社会史教程》等经典再次捧读。

　　十年，只是历史的一瞬间，却是青年学子的学术训练、知识积累，甚至人生发展的关键期。在 2011 年山西大学的硕士研究生推免考试中，我有幸通过中国社会史研究中心老师们的筛选与考核，于 2012 年 9 月正式成为研究中心的一员学子，从此我尝试将自己的学术视野从艺术史扩展到更加博大宽广的历史学。感谢导师行龙先生颇有远见的学术目光，给予我日后成长的机会与走向更远方的可能，遇见社会史研

① 孙玉坤，中央美术学院博士，助理研究员，任职于中国戏曲学院党委、学院办公室。

究中心是我始终无法忘却、心存感恩的幸运。感谢每一次的鉴知论坛上老师们给予的教诲，老师们的指导总能针砭弊病、一针见血。2012年5月，我作为研究中心的"学前班"小友，参加中心成立二十年的座谈会，信誓旦旦要成为图像史研究的"一块砖家"，为历史研究的大厦做一点添砖加瓦的工作。

十年之后，从图像史研究到视觉文化研究，再走向艺术高校的工作岗位，不能忘记的是这份初心与使命。正是中心严格的史学训练，为我打下了日后阅读、讨论、写作和档案归纳的基础。导师尹吉男先生所在的广州美术学院"历史与图像高等研究所"以历史和图像命名，恰好指出了图像研究的本质正是历史与图像的关系。新兴的研究在未来如何可能？回顾自己的求学历程、学术阅读过程、写作所遭遇的困难，或许恰好是对国内历史与图像研究发展勃兴重要阶段的反思。

1.《在世界和平大会上听到南京解放的消息》（局部），徐悲鸿国画，1949 年

2. 邓初民先生素描头像，《在世界和平大会上听到南京解放的消息》草稿，1949 年 3 月 16 日徐悲鸿绘于回国途中

3. 山西大学初民广场邓初民先生雕塑

对图像的研究大概可以分为三类，一是以历史学为基础的新文化史概念下的图像史研究；二是以美术史为基础的新艺术史研究；三是各类专门史研究中对图像的运用，例如文学、心理学、音乐学和戏剧戏曲类研究，图像仅作为专门史的视觉材料，研究方式便独树一帜。

不同时代的历史研究都选择了图像材料上的聚焦，一方面恰如 2019 年 5 月 4 日"图与史：20 世纪中国的历史与图像及视觉文化研究"学术研讨会所提出的，研究是从"历史""图像"和"视觉文化"三个紧密相关的维度出发，以 20 世纪中国社会政治、经济、思想、文化等领域为主要研究议题。吴雪杉教授在《美术史，还是图像史？》一文中指出："现代美术史的特殊之处在于，它所涵盖的时段大致与本雅明所说的'机械复制时代'重合，这是一个艺术复制品被大规模生产的时代。对于艺术品的复制，以及复制本身所衍生出的新的艺术媒介（如照片、海报），不仅改变了'美术'的范畴，也使'图像'成为艺术作品流通的载体，对美术史写作提出了新的要求……图像史和视觉文化研究从最开始就内在于现代美术史的研究。美术史，至少 20 世纪的美术史，在研究方法和写作边界上，都应该持一种更为开放的态度"。另一方面，同年 6 月 8—9 日，"历史的图像"与"图像的历史"：汉代图像研究青年论坛（第一届）在四川大学博物馆举行，在考古学、美术考古、历史研究方面聚焦了古代的图像。复旦大学邓菲副研究员指出："自 18 世纪起，考古学家开始力图说服历史研究者，使其逐渐意识到，图像作为历史证据在历史研究中应起到重要的作用"，点明了古代史时段的图像研究渊源。此外，中国社会科学院历史研究所自 2011 年始主编出版的学术集刊《形象史学研究》，为图像史学的叙述结构和图像史学的学科形状构筑了雏形，在集刊的前言中，孙晓先生指出形象史学研究"专门指运用传世的岩画、造像、铭刻、器具、书画、服饰等一切实物作为证据，结合文献来考察史实的一种新的史学研究模式。也许这可以成为继王国维二重证据（传统文献、出土文献）法、第三重证据（口头叙述）法之后的一种新的方法"，"不是把历史形象作为唯一的证据运用到历史研究中，而是对图像的生产领域、叙述途径、社会功能等进行综合性的分析，并在此基础上，把形象与传统文献、口头叙述等联结起来，构筑一个完整的证据链，着重探讨中国文化史演进中的基本脉络，努力揭示隐藏于历史形象背后的真实。"历史与图像的关系总是如此亲密无间，古代与近现代范畴的图像研究热潮都有着科学的依据和学科发展的必然。我们能够明显看到，不同学科为图像研究所做的贡献。

在多学科概念的背后，学者们所要探讨的本质内容，往往躲不开的是"历史与图像"的关系，学者们通过考察图像内容如何真实或者错位，还原一段丰富的历史语境。新美术史和视觉文化研究的方式，多从一幅名作的图像开始深入探讨，创作时间、版本修改、思想观念、传播影响等，最后重新聚焦到艺术家的创作语境和时代意义上。或者从一个"母题"发散开来梳理图像序列，探讨图像内涵与变迁，例如李公明的《"新中国美术"与"现代性"叙事的关联及研究——以农村题材的绘画创作为中心》、胡斌的《解放区土改斗争会图像的文化语境与意识形态建构》、邹建林的《夜之禁锢——胡一川作品中的"灯下"母题》等。而历史学更容易从图像档案的方式入手，抓住图像的一个系列整理排序，梳理时间、制作技法、社会功能，在此基础上尝试提出问题，进一步回归专题的研究。通过整理图像的富矿《点石斋画报》《良友》《晋察冀画报》《东北画报》《人民画报》《大公报》等出版物，深入发掘和整理资料，奠定扎实的史料基础，达到如南京大学韩丛耀教授所提出的，建构"中国图像史学的世界性叙述"。例如，曾蓝莹的《图像再现与历史书写——赵望云连载于〈大公报〉的农村写生通信》，侯松涛的《漫画与政治：抗美援朝运动中的漫画——以〈人民日报〉为中心的考察》《〈人民画报〉冷战四十年的台湾图像史》，唐宏峰的《从图集到图像数据库：〈点石斋画报〉数据库的得失》等。在（美术史以外的）专门史方面，文学史对于图像研究的贡献最多，在鲁迅与版画、左翼思潮与木刻运动、晚清画报或者舞台形象的研究方面多有成果。例如孙郁的《在德俄版画之间》，路杨的《经验、情理与真实——再论古元延安木刻的风格"转变"》，郭安瑞的《文化中的政治——戏曲表演与清都社会》。不同的探索方式与研究思路，在写作的具体实践中就"碎片化"与"总体史"的问题，回答了怎样实现"以小见大"的学术关怀。

中央美术学院人文学院尹吉男教授，在《什么是图像史的知识生成研究？——为〈知识生成的图像史〉所写的绪论》一文中指出："生活·读书·新知三联书店主编的丛书——《开放的艺术史》，强调的是艺术史的开放性，而不是艺术史的线性延续，以丛书收录的众多著作来说，诸如美术考古研究（如巫鸿的《礼仪中的美术》、雷德侯的《万物》等）和书法、绘画的社会史研究，如白谦慎的《傅山的世界》、柯律格的《雅债——文征明的社交性艺术》等，已经溢出了以往艺术史／美术史的研究范围，更倾向于图像史的研究。希望图像史研究仍以图像为中心，解决图像自身所提出的各种问题，也就是说，问题源自图像，经过延伸讨论又回到图像，不是现今流行的'图像证史'，或者'图像证文''图像证理'等等研究方式，那些研究仍以文字为中心。"李军教授指出："彼得·伯克讨论图像的主要目的，并不是研究图像本身，而是以图像作为证据来证明历史。图像尽管具备了与文献和文本相同的合法性，但仍然是作为历史证据（historical evidence）的合法性——这一理路仍然与以图像作为历史研究之对象本身的艺术史家或者'图像史家'相当不同。艺术不仅仅是历史的反映，不仅仅是某个情节或经典的表达，而且还是历史本身——艺术或图像本身的历史"。两位教授鲜明地指出，需要让图像本身成为中心，而不仅仅是作为历史研究的旁证，坚守了美术学科的特性。

杨念群先生主编的《新史学——感觉·图像·叙事（第一卷）》中提出："图像与感觉的生成密不可分，却又屡屡被史学界所忽略，我们可以通过对历史画面的视觉解读重新感受历史的多样性与复杂。"王奇生先生在《北伐中的漫画与漫画中的北伐》中进一步扩大了图像的范畴，指出"漫画作为一种客观事物的艺术再现，其中必然要表达一定时空下的社会现象和社会观念。从这种意义上讲，漫画图像本身虽然缺乏'真实'，但我们仍能从其图像中发掘出当时世事变迁的信息，亦即透过漫画所虚拟的图像，窥视其作者所处时代的政治和社会现象的某些真实存在。漫画作者所要表达的意涵，在某种意义上相当于当时报刊'时评'作者所要表达的意涵"。并引用陈寅恪的史论说："史论之作者，或有意、或无意，其发为言论之时，即已印入作者及其时代之环境背景，实无异于今日新闻纸之社论时评。若善用之，皆有助于考史。"

从山西大学走向中央美术学院，是一次从社会史向视觉文化研究的眺望。回顾自己的跨专业阅读与求索，倒不失为对国内学界近十年来图像研究方式的一次梳理。而社会史研究中心行龙先生已在十年前预见了今天图像研究的热潮，在《图像历史：以〈晋察冀画报〉为中心的视觉解读》中指出："上世纪 80 年代以来的'文化转向'（cultural turn）和'视觉研究'正在改变着学界对图像资料的传统认识"，"就图像研究而言，只有艺术学跳出艺术品'风格'的框框，历史学者走出'看图说话'的误区，两者才有可能实现真正的对话与交流"，并且力行培养了图像史方向的硕士研究生。今年是山西大学成立一百二十周年，也是中国社会史研究中心成立三十周年，图像史研究在行龙老师带领和贾登红等同门兄弟姐妹的努力下已蔚然成风。而我从硕士阶段尝试中国土地革命会议的纪录纪要工作，到完成自己的博士论文《现代中国地主形象研究》，也走过了一段上下求索、自由徜徉的思想旅程。

师恩如海，初心依旧，如今虽是游子漂泊，背起行囊面向未来，却依然动力满满。祝愿曾经引领我前进，带我走入图像研究领域的中国社会史研究中心根深叶茂、桃李满天，永远是社会史学者向往的精神家园！

三十孕华章　桃李吐芬芳

——写在中心成立三十周年之际

张爱明 [①]

　　岁月不居，时节如流，2022 年就是中心而立之年了。三十年来，中心已从一个区域性研究机构成长为享誉海内外的学术重镇。中心开国内社会史研究之先河，取得了学界公认的成就，培养了大批优秀的史学人才，可谓桃李满天下。从本科参与中心活动到硕士毕业，我在这里求学将近五年。在华中师大读博期间，我延续了在中心的所学所思，并顺利取得博士学位。工作后，每次上网看到有关中心的动态，总会不自觉地点赞、转发，为之高兴，中心是我求学生涯第一个真正的家，时常令我魂牵梦萦、为之动容。

　　2010 年秋，在经过两次高考失利后，我终于踏入心中的象牙塔——百年老校山西大学。怀揣赚钱改变命运的想法，我的第一志愿填报了经济学，后因分数不够，被调剂到历史专业。起初，我对历史并不感兴趣，甚至有些排斥，对社会史更是一无所知。但作为偏远山区的"大龄"男孩，深知进入大学课堂是多么来之不易，我努力汲取知识，丝毫不敢错过任何一次学习的机会。渐渐的，我对社会史有了一些了解，知道了江地、乔志强、行龙这些前辈学者。有一次，我们参观了中心的"集体化时代的农村社会"展厅，看着从小伴随我长大

---

①张爱明，山西大学中国社会史研究中心 2017 届硕士研究生，现为太原师范学院历史系讲师。

的不起眼的碾子、纺车、镬头、火炕等物件陈列其中，竟然颇具历史感，还可以用来研究。自此，社会史激发了我的兴趣，鉴知楼也成为我心中向往的求学之地。

2012年，山大建校一百一十周年，恰逢中心成立二十周年，正是风华正茂之际。中心在文科楼三层报告厅举办了"改革开放以来的中国社会史研究"国际学术研讨会暨第十四届中国社会史学术年会，研讨会大佬云集、气氛浓烈。会上，青岛大学的刘平（现在已经是复旦大学教授了）对社会史进行了毫不客气的批判，把研讨推向了高潮。"一地鸡毛""鸡零狗碎"这些刺耳的字眼直到今天仍然是社会史研究难以逾越的屏障，这也是我第一次感受学术的"火药味"。期间，我们追随辅导员周亚老师旁听了"水利社会史"专场研讨，也是从那时起，我第一次知道了"水利社会史"这个概念。

山西大学长期从事社会史的理论研究与实践，被誉为中国社会史研究的重镇。大三学年，我们就开设了由中心老师轮流讲授的《区域社会史研究导论》课程，在课堂上，我第一次见到了行老师、胡老师及中心的其他老师。这门课当时已经被评为国家精品课程，网易公开课的视频在互联网上的点击率颇高，前两年还出版了专门的教材，在学界引起不小的反响。通过一学期的学习，我对社会史的学科定位、理论、方法、视角等有了初步了解，尤其对中心"走向田野与社会"的理念和实践印象深刻。但那时社会史在国内刚复兴不久，不少老师对社会史有所质疑，认为它是"碎片化"的，难登大雅之堂的，很多同学受此影响，不大愿意学习社会史，而对政治史情有独钟。于我而言，社会史关注底层民众，与农村有天然联系，同为农村出身的我自然对社会史有强烈的好感。所以，我很认真地听了社会史的每一节课，读了不少社会史的著作，也暗下决心，以后要从事社会史的研究。

课程期末，行龙老师给我们布置了一门作业，回自己的老家搜集资料，用傅斯年的话讲，这叫"上穷碧落下黄泉，动手动脚找东西"。马维强老师特意叮嘱我们要去大队的旧房子里找，去老会计家里找，他还以自己搜集资料的经历现身说法。年轻时当过村里支书的父亲，对老家附近的村子很是熟悉，自然成了我的向导。于是，整个寒假，冒着风寒，父亲骑摩托车载着我穿梭于老家的各个村子，到处拜访老会计，最终在老家的一间旧房子里（当年大队的杂物间），发现了大约两麻袋的集体化档案，在隔壁村庄也找到了一些零散的文书。那时候我虽不懂这些资料有多大用处，但看着一摞摞泛黄的资料整整齐齐地码在破旧的柜子里，仍有一种前所未有的满足感。现在这些资料经整理后保存在中心的档案室里，也算找到了它真正的归宿。后来想想，搜集资料也许是我学术生涯的起点，这也注定了我与中心的不解之缘。

不久后，学校开始征集大学生创新创业项目，辅导员周亚建议我围绕寒假收集的这批资料，以"集体化时期农村基层档案的整理与研究"为题进行申报，同时，推荐我选择专注社会史研究的胡老师为指导老师。于是，我找来老乡毛建荣、李平喜组成了研究小团队，随后，我还专门去中心拜访了胡老师，胡老师欣然答应担任我们的指导老师。项目获批后，我频繁往来中心请教，胡老师不厌其烦地教我们怎么整理资料，怎么进行社会调查，怎么撰写研究报告。后来，我们的项目升级为省级项目，结题时被评为优秀，这为我日后选择攻读中心的研究生建立了极大的信心。

2013年秋，我大学四年级，由于平时成绩尚可，幸运地获得推免本校硕士研究生的资格，当时保研的同学大多选择去学院继续学习。我却毫不犹豫选择了中心，选择了胡老师，期盼能够继续探索社会史的奥秘，承蒙胡老师不弃，同意我跟着他攻读硕士研究生学位。推免硕士后，中心便安排我、冯玲、陈霞、武丽伟、李佩俊、侯峰峰等推免生，跟着贾登红师兄、杨立群师姐整理资料。当时的条件还比较艰苦，扫描仪是老旧的惠普牌，扫描时机器吱吱作响，速度又慢。档案上布满灰尘，有的破旧不堪，一整天下来脏得不成样子。即便这样，我们全然不觉枯燥艰苦，甚至乐在其中。整理资料的过程中，我了解到中心每位老师的田野故事，也充满感慨，中心在三代学人的努力下竟然

"累档成山"，构筑了一座资料宝库。不得不佩服行龙老师在社会史研究领域的前瞻性，那时国内很少有人会意识到，这些不起眼的资料日后能在学界引起轰动。一遍遍的史料翻阅，使我对社会史的理解更加深刻了，也更加坚定了当初的想法。

紧接着，开始准备本科毕业论文，可能在推免后有了偷懒的想法，认为毕业不是啥大问题，我便凑了一篇以"晋绥根据地的篮球运动"为题的论文交给胡老师，企图以此作为毕业论文，蒙混过关。可想而知，我迎来了首次"洗礼"，胡老师语重心长地说："既然成了中心的研究生，就要有学术的自觉，不能有侥幸心理。"胡老师的话令我无地自容，再不敢偷懒。后来胡老师常对我们说："中心不是网吧，宿舍不是宾馆"，就是希望我们不要虚度光阴，能踏踏实实地在中心度过三年。要选择一个新的题目并不容易，胡老师也没有急于布置，而是让我整理永济的《阶级成分登记表》，在资料中发现问题。那年的整个寒假我便乖乖泡在档案中，边整理、边翻阅。很快，档案中的移民信息吸引了我的眼球，开学后第一时间便向胡老师汇报。敏锐的胡老师肯定了我的选题视角，同时，鼓励我从环境史角度来解释这些移民现象。终于我确定了"环境、移民与政治变迁"的题目，并在胡老师的指导下获得了优秀毕业论文。研究证明，外来移民确实是理解山西社会变迁的重要切入点，这成为我日后学术研究的起点，硕士学位论文便是在此基础上打磨而来，发表的几篇小文也是围绕外来户的话题。直到现在，我的研究兴趣仍然没有离开这份宝贵的材料，没有离开山西。

2014年秋，我踏入了向往已久的鉴知楼，正式投入胡老师门下。鉴知楼是一个充满魔力的地方，老师们似乎都有用不完的精力，起早贪黑很是常见，我也逐渐养成了每日往返于宿舍、食堂与鉴知楼之间的习惯。时任学校副校长的行老师，也经常通宵达旦，晚上我们离开时，鉴知楼依然灯火通明，与对面的光电所交相辉映，成为山大一道靓丽的风景线，我想这就是中心人的学术品格吧。硕士三年的社会史课程使我受益良多。行龙老师虽行政工作繁忙，却从不因公耽误课程的讲授，其高屋建瓴的理论，让我们备受启发。博学严谨的胡老师教会我们如何思考，如何从琐碎的史料中发现问题。于当时的我们而言，常老师的课程是最"痛苦"的，每周都有看不完的书，读不完的论文，写不完的报告。直到读博后，我才明白，正是常老师当时的"魔鬼训练"，我们才接触到了学术前沿，为日后的学术道路打下了坚实的理论基础。

　　硕士期间，中心的条件已大为改善，成立了专门的实验室，聘请了专业的团队，设备也完成了更新，每人配了电脑、相机、录音笔，扫描仪换成了高拍仪，资料整理的速度大大提高。我们先后整理过平遥、祁县、阳高、永济等地的资料，也做过编目，还点校过《退想斋日记》。现在回想，那段时间可能是我最珍贵的时光，我们接触了大量别人看不到的一手资料，每个人也都在整理资料的过程中找到了毕业选题，达到了中心教研相长的目的。

　　每年暑假，中心的老师都会组织我们去山西的村子里田野调查，这是中心多年的惯例，真正践行着"走向田野与社会"的理念。印象最深的是2015年夏天去永济，那也是我第一次田野之旅。出发前，我和赵中亚老师、张力师兄、董秋伶师姐分在一组。那时我的毕业选题已经确定，仍然做外来户问题，永济正好是我研究的区域，这令我非常激动。可当时没有调查经验，每到一个村子，甚至还没搞清村庄的概况，就到处找老年人访谈，迫不及待地抛出预设的问题，很多老年人因此有了戒备心，不愿意配合我们访谈，结果自然不甚理想。为了锻炼我们的访谈技能，胡老师专门带着我和心钢师兄去浮山、高平等地调查。在浮山的一个村子里，我们在路边的荒草堆中发现了一通石碑，胡老师顾不得尘土，半跪在地就开始清理石碑，那种忘我的场景我至今难以忘记。我渐渐明白，田野调查要有地方性知识，访谈要懂得循序渐进。后来，我在去往虞乡、晋祠、文水等地的调查中，很少再碰壁。

　　中心偏居山西一隅，却始终走在学术前沿。我研二的时候，中心开始和香港科技大学李中清、康文林团队合作建立四清数据库，尝试做量化史学。李中清和康文林作为国际知名历史学家，一直致力于推动历史学的社会科学化。当时，量化史学虽然在国外已经风生水起，但在国内基本还是一片荒漠，只有上海交大、南京大学、人民大学等几个老牌名校在尝试。为了开展合作，由中心和香港科技大学联合培养的博士后倪志宏（Matt Noellert）开始教我们学习 stata 软件，李中清、康文林、李伯重、梁晨等知名学者则不定期为我们讲授理论课程。那段时间，中心的老师们和我们一样当起了学生，白天恶补英语，晚上抱着电脑和我们一起听课、讨论、跑数据，就连工作繁忙的行老师，也经常加入我们，那种求知的欲望令人印象深刻。

中心的学术氛围浓厚，每周三晚上会举办鉴知青年学术工作坊，由老师们汇报个人最新的研究成果。同时，不定期邀请海内外知名学者来做学术报告，每年都会举办至少一次大型学术会议。中心还为学生们专门搭建了鉴知研究生论坛。目前，鉴知论坛已经举办至 25 届，参会的研究生早已不再局限于校内、省内，已经扩展至全国，成为国内研究生交流合作的重要平台。在这样的学术环境中，学生成长很快，很多人毕业后继续深造，走上学术之路。这种学术传承源源不断为中心注入新鲜血液，形成了良性循环。现在，学界经常称以行老师为首的学术团队为社会史研究的"华北学派"，这是对中心最大的褒奖。

中心是一个温暖的大家庭，把每个学生都当成自己的孩子。常利兵老师的严肃认真、张俊峰老师的治学追求、李嘎老师的细心周到、郭永平老师的田野经验、马维强老师的平易近人，以及韩祥、赵中亚、曾伟、冯艳花老师如好友般的关怀，让我时刻感受到家庭的温馨。中心求学的这几年，磨砺了我急躁的性格，强化了我薄弱的理论知识和实践探索，是我毕生最难忘的经历。

立足三晋，研经著史；走向田野，鉴古知今。在三十岁生日来临之际，诚挚祝愿中心能在史学道路上继续扬帆远航、桃李芬芳。

三十而立

——写在山西大学中国社会史研究中心成立三十周年
暨山西大学建校一百二十周年之际

李佩俊 ①

　　时光飞逝，转眼间，我已经从母校山西大学毕业四年了。在这里我度过了求学的两个重要时期——本科和硕士阶段。其中，尤其是在山西大学中国社会史研究中心的三年求学经历，意义非凡，中心的培养、对社会史的学习、田野调查的实践，都使我受益良多，不仅为我的学习奠定了基础，也为我的工作奠定了基础。2022 年，山西大学即将迎来百廿华诞，而中心也将迎来她的三十岁生日。很荣幸有此机会，撰文以为回忆及庆贺。

一

　　作为现代史学的社会史研究，在中国诞生于 20 世纪初，至今已有百余年，经过了发轫、成长到壮大的不同阶段。20 世纪初，梁启超的《新史学》可谓中国现代史学的奠基之作，他提倡历史学要研究国民、群体的进化，历史研究对象从朝廷移向人民群众，要借鉴其他社会科学。这些认识打破了政治史一统天下的观念，对于将人类社会各

① 李佩俊，山西大学中国社会史研究中心 2017 届硕士研究生，现为天津人民出版社图书编辑。

种活动进行专门化、综合化研究具有创新意义。20 世纪 20 年代，形成了中国社会史的大论战。这场论战为全面研究中国社会史提供了契机。20 世纪 50—70 年代，国外的社会史研究不断发展。欧美社会史研究受法国年鉴学派的总体史思想影响较大，西方对中国史的研究也不断发展。20 世纪 80 年代，改革开放之后，中国社会史研究开始复兴，并在诸多方面取得了重要成果。

成立于 1992 年的山西大学中国社会史研究中心，是国内最早以社会史命名的研究机构。中心首任主任乔志强教授主编的《中国近代社会史》（人民出版社 1992 年版），是国内第一本系统的社会史研究著作，被学界誉为社会史研究"从理论探讨走向实际操作迈出的第一步"。行龙教授的专著《走向田野与社会》（生活·读书·新知三联书店 2007 年版）被学界称为社会史研究"新整体史"的代表作，是"中国社会史研究 20 年来探索前行的一个缩影，也是社会史研究走向本土化的标志性成果之一"。这些也是我们学习的入门书。中心经过乔志强先生、行龙老师等四代学人三十年的不懈追求，秉承传统、承前启后、追踪前沿、开放包容、脚踏实地、不断进取，取得了学界公认的成就，被誉为中国社会史研究的重镇之一，一批具有较高学术含量的研究成果也引起学术界的高度重视。而我，很荣幸地于 2014 年进入这样一个学术研究重镇进行学习，攻读硕士研究生学位。

二

中心对我们的培养是全方位的，理论与实践相结合，并且积极开展学术交流。

课程设置方面，中心的胡英泽老师、张俊峰老师、马维强老师、常利兵老师、李嘎老师、郭永平老师、赵中亚老师等都根据其研究方向及专业特色为我们授课，让我们多角度地获得专业知识。

讲座培训主要有两方面内容，一是中心一直坚持举办的鉴知名家学术讲坛，邀请全国各高校、科研院所相关领域的学术名家为我们举办讲座，如汤开建、钱杭、杜靖、刘石吉、杨天石、安介生、吕文浩、李伯重、郑振满、邱仲麟、李怀印、贺照田等。二是以中心老师们为主的鉴知青年学术工作坊，作为中心的学术传统也一直在坚持举办，既是老师们自己的学术交流，也是我们学生观摩学习的好机会。此外，行龙老师也会给我们举办讲座，还有不定期的其他学术讲座。这些均使我们开阔了视野、增长了见识、了解了更多学术动态。

学术实践也主要有两个方面，一是每年一届的鉴知论坛。让中心的硕博研究生有机会交流自己的学术文章，并得到各位老师的指导及点评。现在鉴知论坛的参与者已经扩大到全国各高校、科研院所的硕博研究生，也体现出中心学术地位的提高，辐射范围的扩大，真正做到了立足三晋、走向全国。二是田野调查。记得最早在2014年的暑期，已经确定保送中心读研但还没正式开学时，中心就开始带领我们进行田野调查实践，去永济，开启了我的田野调查之路。之后各位任课老师也根据研究及教学需要，带领我们去相关田野点，如沁水流域、大寨、晋祠等地进行田野调查，并收集档案资料。丰富的田野调查实践经历，不仅具有方法论的意义，也有助于我们掌握更多一手资料，发现研究兴趣点。

正是在这样的学术训练下，我最终确定了自己的研究方向及田野调查点——山西省太原市西寨村的阎氏宗族。它是清代著名学者、清代考据学发轫之初最重要的代表人物阎若璩的所在宗族，从明朝开始，一直延续至今，不断进行着现代宗族实践，而且举办了具有全国意义的阎氏宗族聚会。在此也感谢在我论文资料搜集、田野调查方面积极支持、提供帮助的阎氏宗族成员，他们热情地为我提供资料，支持我的调查研究，愿他们的宗族建设更进一步。通过对阎氏宗族的研究，我完成了自己的毕业论文，并且发掘了一批西寨村的档案资料保存至中心。这既为中心的档案资料收集添砖加瓦，也为西寨村档案资料的更好保存提供可能，不负双方对我的帮助之情。

三

进入中心后，经过一段时间的学习、了解，我根据自己的兴趣点，最终选择张俊峰教授作为导师，跟随他开始进行北方宗族问题的学习与研究。这是我重要的一个选择，也是非常正确的一个选择。

张俊峰导师有一颗赤子之心。对学术，他不断追求。我在中心的三年以及认识至今的八年间，他治学之严谨、学术洞察力之敏锐、学术思想之活跃以及对学术追求之热诚，一直激励着我，也使我为之钦佩。他对学术的不断追求取得了丰硕的成果：2012 年入选教育部新世纪优秀人才支持计划，先后获得山西省青年学术带头人（2010 年）、山西省 131 领军人才（2014 年）、山西省学术技术带头人（2015 年）、山西省中青年拔尖创新人才（2015 年）、山西省海内外高层次人才评审专家（2018 年）、山西省三晋英才拔尖骨干人才（2019 年）等荣誉称号。先后主持国家社科基金抗战重大专项工程"山西抗日战争文献搜集、整理与研究"、国家社科基金重点项目"金元以来山陕水利图碑的搜集、整理与研究"等国家级、省部级项目 10 余项。在国内历史学重要学术期刊《史学理论研究》《近代史研究》《史林》《中国社会经济史研究》《学术研究》《清华大学学报》等发表论文 50 余篇，论文多次被《新华文摘》《中国社会科学文摘》、人大复印资料、高等学校文科学报文摘等权威学术文摘全文转载。在明清社会经济史、水利社会史、北方宗族史、黄河中游地区环境史、山西抗日根据地史、近现代华北农村社会史等多个研究方向也均有斩获。

对学生，他倾心教海。求学期间，他不嫌我愚钝，同意我加入其学术团队，在我选择的宗族研究方面给予支持和指导，不断给我阐释宗族的概念、意义、发展，让我加深对宗族的理解、对研究领域的认识。在硕士毕业论文方面，从论文的选题、修改等方面都给予我帮助和启发，使我顺利完成硕士毕业论文。在论文发表及学术活动方面，他不断鼓励帮助我，使我顺利发表了《当代农村社会史研究从理论走向实践》（《中华读书报》2015年1月21日）、《聚焦山西：中国宗族史研究的新区域》（《青海民族研究》2017年1月，第二作者）两篇文章；参与了他主持的国家社科基金青年项目"16世纪以来汾河流域的水利、宗族与乡村社会"（13CZS058）、山西省回国留学人员科研资助项目"清以来山西水利社会中的宗族"（2015—026）这两项科研任务；独立参加了2016年11月4—5日北京社科院主办的"区域·城市·社会——第二届城市历史比较论坛"及2016年11月19—20日中山大学历史人类学研究中心、香港科技大学华南研究中心、香港科技大学霍英东研究院泛珠三角研究基地合办的第三十二届历史人类学研究生研讨班，并分别提交论文。在他的指导下，我获得了2014—2015年度山西大学研究生学业奖学金、2015—2016年度山西大学研究生学业奖学金、山西大学2015—2016年度"优秀共青团员"、山西大学2016—2017年度"优秀研究生"等荣誉，为自己的求学生涯增光添彩。在我工作之后，他也继续给予大力支持。既是良师，亦是益友，教诲如春风，师恩似海深，我为有这样好的导师感到荣幸，并惭愧于自己的不足，今后要更加努力，希望将来不负导师教诲。

四

2017年7月，从中心顺利毕业后，我来到天津人民出版社进行工作，任图书编辑一职。天津人民出版社创办于1950年，是我国成立最早的地方人民出版社之一，出版的图书涵盖党政理论读物、文化历史读物等。在长期的不懈努力下，已有百余种图书获得国家级、省部级奖项，先后被评为全国22家MPR国家标准应用示范单位之一、第五届全国文明单位、全国版权示范单位，在2013年到2020年间七次获得"中国图书世界影响力出版100强"称号，2018年荣获"中国版权最具影响力企业"称号，2019年列选"一带一路"出版联盟成员单位。自2012年以来，承担25个国家出版基金项目，内容涵盖马克思主义哲学、政治学、历史学等，在天津市位列第 1 名。

天津人民出版社与中国社会史研究的复兴与发展也有着深厚的渊源，这也是我得以从事此工作的原因之一，中心为我奠定的学术基础在这里显现。天津人民出版社是 1986 年首届中国社会史学会年会发起单位之一，作为创会单位，一直当选为学会的理事单位。1988 年，天津人民出版社开始出版"社会史丛书"，延续至今已经出版了整 30 种学术专著（如此惊人的巧合），是全国开始最早、也是唯一一家坚持 30 多年出版社会史丛书的出版社。这套"社会史丛书"是天津人民出版社的学术书品牌，出版过吴晗、费孝通、冯尔康、刘泽华、常建华、李长莉、王日根、马敏、王先明、葛承雍、蔡勤禹等许多著名学者的社会史专著，在学术界影响很大。

进入单位工作后，我参与出版了不少社会史著作，尤其是 2019 年出版的 10 卷本《冯尔康全集》，令我倍感荣幸。冯尔康先生是社会史学大家，也是宗族史研究大家，我求学时就拜读过其大作，觉得难以望其项背。万万没想到，此时竟有机会亲眼见到当年书中的学术大家，聆听其讲座，并与之产生工作交集，进行充分交流。冯先生的学术素养及个人品格尽显大家风范，令人折服。这份荣幸既是出版社给我的，也是中心给我的，没有在中心的求学经历，我也无法很好地参与其事。

在两个"社会史最早"单位的学习和工作经历，也奠定了我与社会史的不解之缘。因工作关系，接触了越来越多的学术著作，也有幸参加了多次学术会议，随着对历史研究认识的加深，我对历史的喜爱也越来越深，越来越喜欢历史学、社会史学，也坚定地认为社会史研究大有可为、前景广阔。同时也深感自己的不足，惭愧于自己当年的"少壮不努力"，需要继续不断加强学习。在这个过程中，我对中心当年的培养也越来越感激，对各种训练的意义也越来越了解，不禁敬佩行龙老师对中心发展方向和学生培养方面的先见卓识。在此也衷心希望学弟学妹们珍惜在中心的学习时光，努力学习、积极实践，在打基础的时间段不用徘徊犹豫，立足当下，自会有所收获。这虽是老生常谈，却也是肺腑之言。

五

因为出版社与社会史的这份渊源，2018 年 11 月，我得以参加在安徽芜湖举办的第十七届中国社会史学会年会。到天津工作是我第一次真正意义上离开母校，离开家乡，举目四顾心茫然。因此，当在这次年会上见到中心的行龙老师、胡英泽老师、张俊峰导师和李嘎老师时，我突然明白了什么叫"他乡遇故知"。古今的情感，竟在这里相通，不愧是人生四大喜事之一，古人诚不我欺。现代通信、交通如此发达，我尚有此感触，想必古人更甚。古今之人在相似的境遇下达到了共鸣，我想，这也是历史的魅力之一吧。

之后，因工作的关系，我与张俊峰导师多次在学术会议上重逢，如第四届东亚环境史会议、第八届近代社会史国际研讨会等，并且以导师与学生、作者与编辑的多重关系多次见面，加强了交流与联系。当导师了解到我的具体工作情况后，赫然同意将其国家社科基金重点项目"金元以来山陕水利图碑的搜集、整理与研究"以及国家社科基金青年项目"16 世纪以来汾河流域的水利、宗族与乡村社会"的结项成果拿到我们出版社出版，帮助我打开局面。之后也一直在学术领域引领着我，使我了解更多学术信息。因此我也要感谢我的工作，正因为作为天津人民出版社的一名编辑，我才得以与学术、与社会史、与母校，特别是与我的师友们保持了密切联系，从而有幸参与这次盛会。能够公私兼顾，也是一种难得与幸运。

六

记得读本科时，有幸恰逢母校 112 周年庆典。当年曾与同学戏言，希望将来有机会能参加一个整年的校庆。"那是200年校庆吗？""哈哈，好像有点难，那不然就120年吧。"

说这话时并不觉得能够实现，因为自己大概率是不足以成为优秀校友的。现在的我依旧不怎么"优秀"，但没想到中心提供了这个机会，让我以"校友"的身份，参加山西大学中国社会史研究中心成立30周年暨山西大学建校120周年的庆祝活动。当年一句戏语，现在竟有实现的机会，喜出望外。所以希望总是要有的，万一实现了呢？！

现在，母校已经120岁了，中心30岁了，而我，也30岁了。三十而立，30岁的中心风华正茂，扬帆起航，30岁的我将继续追随中心的步伐，不断地成长，不断地进步。目前的我，仍然处于"我以母校为荣"的阶段，但希望将来能有机会为母校、为中心做出自己的贡献。

记得有师姐临别时说，毕业后的山大，就已经不是当时我们的山大了。当时不懂，刚毕业时突然感觉确实是这样。但随着时间的推移，现在又觉得，山大还是我们的山大，还有熟悉的师友在，母校和中心也已经为我们打上了深深的烙印，无论走到哪里，都将因她的慷慨馈赠而受益。当时只道是寻常，此情可待成追忆。真的是只有离开才会怀念，当时理解不够深刻的东西，现在看来是如此珍贵。感谢中心的培养与教诲。

行文至此，百语千言，纸短情长，不胜言表。在此谨衷心感谢我的母校和中国社会史研究中心，也祝福母校和中心，希望在这新征程、新起点上，能够百尺竿头，更进一步，以史为鉴，开创未来。

落红不是无情物　化作春泥更护花

——社会史研究中心成立三十周年怀念小记

薛超然 ①

子在川上曰："逝者如斯夫，不舍昼夜。"回忆起自己在中心的三年硕士研究生时光，如同白驹过隙一般，飞快地从自己身边流逝，甚至来不及细细回味。回想自己从进入山西大学中国社会史研究中心正式学习开始到如今参加工作已六载，一路走来无时无刻不在怀念和感恩在中心学习的时光。也正是有了中心的培育，才使得我在科学研究的道路上迈出了坚实的第一步。

每每回忆起中心的学习时光，最感谢的就是我的导师行龙先生。初识先生是在中心教室，这也是我第一次聆听先生的教诲。先生在得知我基础较弱之后反复叮嘱我研究生阶段一定要打牢基础再做学问，这句话至今始终在我耳边回荡。不认真打牢自己的知识基础，哪里谈得上学术研究呢？我之后便给自己制定了读书计划，并且阶段性地向先生汇报我的所思所想。每次进入先生的办公室，先生总是以教导学生为第一要务，无论手头有什么事情也先搁置一边，认真听取我的汇报并提出针对性的意见。也正是先生这样的反复教导，才使得我逐步走上了学术研究的轨道。在论文的选题和写作阶段先生也是不辞辛劳，在题目的拟定上字斟句酌，在论文的写作过程中悉心指导。在此，我

---

① 薛超然，山西大学中国社会史研究中心 2018 届硕士研究生，现任职太原市文物保护研究院（太原市天龙山石窟博物馆）。

要向先生表示由衷的感谢和深深的敬意。正是您对我的悉心指导，才使得我的学业圆满完成，也为我日后的人生道路奠定了坚实的基础。

其次要感谢的就是中国社会史研究中心的诸位师长。中国社会史研究中心在我三年研究生学习时光中提供了极大的帮助，无论是中心良好的硬件设施还是浓厚的学术氛围，都为我的课程学习和论文写作提供了良好的环境。胡英泽老师在课堂上对于社会史理论的讲解，加深了我对社会史的认识。胡老师还常常对我的论文提出具体修改意见，使得论文更加富有逻辑性。张俊峰老师在古代社会史课程上对于我们的学术训练加深了我对于古代社会史的认识，并且对于张老师在鉴知论坛以及平时论文修改中提出的许多针对性的建议深表感谢。常利兵老师常常在读书学习过程中提出许多中肯的意见。正所谓良药苦口利于病，忠言逆耳利于行。常老师为人耿直，经常指出我学习和写作中的"硬伤"，使得我的学术研究更加严谨。同时还要感谢马维强老师、李嘎老师、赵中亚老师、韩祥老师、曾伟老师、王帅老师，在平时的学习和写作中常常提出有针对性的建议和意见，让我学习能力进一步提升。中心资料室的冯艳花老师也常常在查阅资料时给予我最大帮助，让我的基础知识更加扎实。

参加工作之后，时间过得飞快。不知不觉人已步入中年，时常在深夜回忆起在中心学习的时光，在象牙塔里一起学习的各位同学。一起奔赴田野的佩祥、心钢、毓龙学长，一起讨论文章选题的张力学长、晨阳学姐，一起聆听专家学者讲学的孟华同学。这些回忆每每造访我的梦境。说给妻子听，她说："想念了，去看看吧"。再一次走到鉴知楼的身边，走在"研经铸史"的太行石畔，行龙先生"要在雁门关、娘子关内做学问，也不要在雁门关、娘子关内做学问"的教诲再一次回荡在耳边，这里的每一块石头、每一方磨盘都充满了我对中心的感情。

桃李不言，下自成蹊。2022 年 5 月山西大学中国社会史研究中心将迎来她的三十岁生日。三十而立，岁月如歌；春华秋实，桃李芬芳。祝愿她永远常青，培养出更多更优秀的人才。

我与中心共成长

刘淑娟 [①]

　　回首在社会史中心硕士研究生这三年时光，心中倍感充实。2022年也正是我三十岁时，感慨良多。从大一踏入山西大学校园到如今已经硕士毕业三年。已经走过了十个春秋，虽然现在成为一名历史教师，还没有离开校园环境，但仍然怀念自己作为学生的时光，怀念老师们的谆谆教诲。在学校的美好时光总是一晃而过，心中有很多不舍。回忆过去，点点滴滴，如今历历在目。

　　记得大四第一次上李嘎老师的课后便跟李老师探讨自己在历史地理学习中的一些想法，从那时起便热衷于历史地理的学习，李老师总是耐心地解答我提出的每个问题，给我推荐相关阅读书目，督促我踏实学习。关于我的论文，李老师更是投入了大量精力指导。每当有新的想法或遇到新的相关史料时，李老师总是第一时间与我探讨，有时就算是身体不适或者家里有事还是要坚持给我修改论文，一起探讨论文的思路，给我莫大的帮助与支持，帮助我攻克一个个难关，我深受感动。李老师曾说过"清清白白做人，老老实实治学"，这句话也一直指引着我的学习和生活。李老师一丝不苟的治学态度、精益求精的工作精神、公平公正的做事原则深深地影响着我，李老师是我今后人

---

① 刘淑娟，山西大学中国社会史研究中心 2018 届硕士研究生，现为太原市第二外国语学校教师。

生道路上学习的榜样。每次教师节李老师同样鼓励着我努力成为一名优秀的教师。

中心的各位老师曾带领我们去田野考察，从出发到驻地都能感受到老师们无微不至的关怀，对我们收集资料进行悉心指导，各位老师在中心的鉴知论坛以及平日的交流中都能让我感受到浓郁的学术氛围，使我能够不断进步。行龙老师在毕业之际对中心的八位小伙伴给予了殷切希望，亲自写了祝福语送给我们，激励着我们奋进。胡英泽老师严谨治学的态度一次次感染着我，工作之余总是心系学生，为我们排忧解难，每一次开会时总是询问我们有没有困难。张俊峰老师一丝不苟的研究精神、乐观开朗的生活态度让我学到很多，每一次学术会议上发言总是简短有力，又不失幽默。常利兵老师虽然总是不苟言笑，但是严肃认真的样子也很可爱。马维强老师上课时耐心细致地讲解，纠正了一些我学习中的误区，使我受益良多。赵中亚老师经常来教室关心大家的学习近况，为我们答疑解惑。韩祥老师、曾伟老师、王帅老师都给予我们生活和学习上无微不至的关心，为我们指点迷津，亦师亦友。老师们的谆谆教诲让我受益匪浅，老师们如家长般的关怀让我倍感温馨。资料室的冯艳花老师每天尽职尽责整理资料供我们查阅。门房陈叔总是笑呵呵地欢迎我们每一位同学。

在中心的时光总是充满欢乐，同学们一起上课，讨论读书笔记，一起听每周三的讲座，一起参加鉴知论坛，一起探讨问题，受益良多。每次进入中心拐角处那个熟悉的教室，浮躁的心就能逐渐安定下来，在我忧心忡忡的时候也能逐渐梳理出新的思路。中心的每一位小伙伴都很温暖，我想以后会更加怀念中心这个温暖的大家庭。

时光飞逝，岁月如梭；三十而立，岁月如歌；春华秋实，桃李芬芳。母校将迎来百年华诞，中心也将迎来三十岁生日。硕士阶段是我收获最大也是最难忘的时光。此时此刻，感恩有您，陪伴我们成长，衷心祝愿山西大学中国社会史研究中心生日快乐！

又见玉兰花开

赵慧斌 [①]

从山西大学坞城校区西门进来，向东南方向大约走两分钟，到科技楼下，是一条三岔路口，走最左手边这条路向东直行，大概 20 米后，便能看到一栋名为"鉴知楼"的三层建筑，楼前左侧有两株玉兰树。每年阳春三月，大地回暖，玉兰花开，花瓣舒展，清香阵阵，沁人心脾。楼前一块褐色的大理石上，刻有姚奠中先生手书"山西大学中国社会史研究中心"，这是中国第一家以社会史命名的研究机构。今天，她三十岁了。

一、初识中心：考研复试二三事

"老师，作为一名跨专业的考生，关于史料方面的题实在不会。"

考研复试经历对我来说犹如一场噩梦。2016 年 3 月 26 日下午，我惴惴不安地走进文科楼参加面试，作为一名工科跨专业考历史的学生，我居然抽到了一道史料文献题，真是直接掐到了我的死穴。具体题目已经记不大清，只记得看到题目的瞬间，我大脑空白，手心冒汗。再三定了定神，我说出了上面的话，准备收拾书包回去二战。不想当时坐在中间的一位老师抬头看了看我，露出了慈祥的微笑："跨专业

---

① 赵慧斌，山西大学中国社会史研究中心 2016 级硕士研究生，2019 年硕博连读。

不熟悉文献也正常嘛，毕竟理科生，能够考到这么高的分数也不容易。讲讲你的考研经历吧。"

闻听此言，我仿佛濒将溺水的人看到一根救命稻草，定要拼命抓住。便开始讲起我的跨考历程，其间讲到大学时读到阎宗临先生的一句话："封建时代的读书人还懂得恭敬桑梓，社会主义时代的史学工作者不更应热爱自己家乡吗？"中间偷眼瞄了一下，台下老师听得津津有味，心里便稍微安定了一些。

随后，坐在第一排左侧的老师满脸严肃，向我提问："讲讲你本科时期所学的主要课程及其相关内容。"随后，我便打开了话匣子，讲起了本科所学食物化学与营养学的主干知识。此时的气氛已经缓和了许多，我感觉血液慢慢从脚底回流到脑门，思路逐渐清晰起来。接下来，后排一位老师又向我提问关于自己家乡历史的情况，记得最后讲到王庚荣的时候，这个清朝山西唯一的榜眼（朔州城内人）被我记成了探花，不过好在老师并未拆穿，反而频繁点头，给予肯定。如今想来自己当时的表现，真是羞愧难当。

后来我才知道，当时坐在中间，替我这个尴尬的门外汉解围，将话题引到考研经历的和蔼长者，便是中心主任行龙先生。而向我提问本科专业内容的老师，让我重拾自信，侃侃而谈，则是我日后的授业恩师胡英泽先生。最后一个并未将我的疏漏拆穿的老师，是李嘎老师。回想当日，面试时向我提问的三位老师均是中心的老师，我与中心的缘分，或许在那时便已注定。而老师们对一个史学初学者的宽容、耐心与引导，正是中心多年来形成的教研相长、严肃活泼学术氛围的一种呈现，指引着我这个门外汉初次领略社会史研究的魅力，进而品尝学术滋味之甘甜。

那天下午走出文科楼的一刹那，夕阳落在初民广场的草坪上。我独自一人在校园里徒步散心，去科技楼与朋友会合后，误打误撞地走到了中心楼前。我小心翼翼地打量着这栋名为"鉴知楼"的三层建筑，彼时的中心外墙还未进行翻修，上方门楣红底白字，印有这样一行大字："立足三晋，研经铸史；走向田野，鉴古知今。"楼前的草坪上错落有致地摆放着石碾、石磨，还有砖头砌的水井，这一切都让从小生活在农村的我感到熟悉又陌生，这些具有浓厚乡村气息的农具与高大上的历史研究有何关系？一个大大的问号开始在我脑海中盘旋。

复试结束后回到学校，除去偶尔在实验室摆弄一些生化试剂、滴定测量，其他时间，我近乎疯狂地在网上检索关于山西大学社会史研究中心的各种消息，同时在图书馆搜寻一切能看到的关于社会史研究的书籍。一次偶然的机会，我进入到中心官网，怀着朝圣的心理浏览了各位老师的研究方向，便暗自下定决心，一定要进入"鉴知楼"。后来我又在网上找到由中心各位老师讲授的《区域社会史研究导论》视频公开课，在那个闷热的毕业季，它成为我最初的社会史启蒙课程。

二、融入中心：脚踏实地求学路

2016年9月入学后，我初次进入社会史研究的大观园，难免有些目不暇接、眼花缭乱。在阅读学术著作的过程中，我常因无法理解书本内容而沮丧，同时也苦于自己的史料功底太差，不知从何做起。看着周围的同学纷纷进入学习状态，高谈阔论，我内心很是着急，便多次找到胡师倾诉自己内心的苦闷。胡师耐心听我讲完后，并未责备我的冒失，也没有立刻给我布置一堆书目去读，而是用我熟悉的生化知识循循善诱："你不要害怕。没有历史学基础也是一种优势，就像一张白纸，更容易接受社会史思维。读史料、做学术就像你们做实验一样，要让不同的物质发生化合反应。你的工作就是一个催化剂的角色，让不同的史料在你手中发生碰撞、反应，生成新的化合物。"

随后老师建议我可以从本科的知识入手，接触一些饮食相关的研究著作，这块儿本身也是社会史研究中很重要的内容，胡师的一番话让我这个毛头小子获得了心安。老师常说："做学术，不要急，也不要慢，要有自己的节奏，一步一个脚印来。"回想起来，胡老师的这种学术理念、教学风格，自有其因材施教的教学理念做支撑，同时也是中心整体学术风气的一种体现。事实上，这么多年来，中心的各位老师、同学也正是在行老师的带领下，努力践行"走向田野与社会"的教学理念，从山西出发，一步一个脚印，踏踏实实地将论文写在中国大地上，密切关注社会现实问题，视学术为学者的毕生志业，方才取得如今的学术成就。

在胡师的耐心指导下，我尝试以山西地区的野生植物与地方社会为主题撰写硕士论文。虽不敢说是一种全新的尝试，但是在文献搜集、论文撰写过程中一度遇到无例可循的困境。幸运的是，中心各位老师一直鼓励我进行跨学科的尝试，并提出很多宝贵的建议，韩祥老师将自己珍藏的史料慷慨相赠，与同门师兄弟郭心钢老师、仝慧云、赵泽中等人的多次讨论也使我受益匪浅。2019年4月，考博一事尘埃落定，兜兜转转，我留在了中心硕博连读，继续跟着胡师学习。记得6月初，同届学生毕业答辩结束之后，胡师专门找我谈话，讲了三件事："第一，读博士，一定要有自己的主阵地，确定自己专耕的研究领域。第二，做学术一定要爱惜自己的羽毛，不要急功近利。第三，充分发挥你自身的学科优势，选题方向不要太局限，但是一定要有自己的核心材料和理念。"

老师对学生的高要求既是一种自身的殷切期盼，同时也源于中心四代学人孜孜不倦对学术的高标准和严要求。行老师常教导我们："要在雁门关、娘子关内做学问，也不要在雁门关、娘子关内做学问，要将关照本土和胸怀世界相结合，不妄自尊大，也决不妄自菲薄。"这种学术胸怀与理念深深影响着我们这些后辈学生。深夜了，我们走出鉴知楼，总能看到老师们窗前亮起的那盏灯，与门前的玉兰花相映成趣。

三、薪火相传：走向田野与社会

1992年，乔志强先生筚路蓝缕，创立山西大学中国社会史研究中心，那时的我还未出生。1999 年，行老师接过重担，薪火相传，一步步将中心学术传统发扬光大，在学界站稳脚跟，形成独具特色的山大社会史研究传统，至今已经整整走过三十年的光阴。

作为一名在中心学习、生活了 6 年的博士研究生，我的个人经历与各位老师相比微不足道，与各位同学相比，也只是虚长了几年时光。我常和同届好友如镜开玩笑说：我们两个人恐怕是中心学生研究室中最年长的两个人，硕士时期就最早进入研究室学习，在中心也找不到第三个人。具体言之，中心在学术风气的养成、学生的学术训练上形成了一套卓有成效的规章制度，这也正是中心繁荣昌盛的原因之一。

在日常的学习和生活中，中心定期举办的一些学术活动为我们提供了丰富的学术营养。无论是邀请校外学者主讲，大咖云集的鉴知名家讲坛；还是由中心老师主讲的鉴知青年学术工作坊；都在潜移默化地影响着我们这些蹒跚学步的娃娃们。所谓"随风潜入夜，润物细无声"，我们这些小青苗乐在其中，贪婪地吮吸着中心为我们提供的学术养分，感受不同老师的学术风采，享受学术争鸣带来的思想乐趣，努力顶破泥土，露出脑袋。而以中心研究生为主体举办的鉴知研究生学术论坛，则成为我们第一次走上学术讲台的圣地。2017 年的 6 月，我第一次参加了中心第 17 届鉴知研究生论坛，老师们严厉而真诚的批评使我受益匪浅。2018 年 1 月，我第一次以论坛组织者的身份全程参与了第 18 届鉴知论坛，提交的会议论文《晚清民国山西的野菜与民众日常生活》经过会议讨论和多次修改，最终顺利发表。这一系列的学术活动，使我初次品尝学术工作之甘甜。

2019 年底，中心外墙翻修完毕，门庭焕然一新。我和师妹冯希负责购买气球，用于当天的庆祝活动。12 月 30 日早上，中心师生集聚一堂，进行了一个朴素的落成仪式，行老师深情展望新世纪即将到来的第三个十年，勉励师生将中心事业继续发扬光大。胡师在发言中讲道：门庭就是中心的门面，咱们这是辞旧迎新、焕然一新、气象一新。门面就是门户，我们一定要守好门户、顶门立户、光大门庭。这种薪火相传的精神鼓舞着中心每一个人奋发前进。2020 年 1 月 8 日，鉴知研究生论坛第一次走出校门，以山西省高校中国史研究生学术年会的名义举办，为中心学生与学界的交流与合作提供了更为宽广的学术平台。如今，中心不少硕士、博士经常走出校门参加各种学术会议，独自发表学术论文，这与鉴知论坛的学术滋养密切相关。

"走向田野与社会"是中心多年来秉持的学术理念，只有将书本知识与田野实践相结合，才能领悟社会史研究的学术真谛。中心各位老师在课堂中也常常和我们分享他们在田野过程中发生的故事，传授他们的独门田野访谈技巧，激发我们进行田野考察的学术兴趣，严肃的课堂氛围中，常充满了欢声笑语。在老师的影响下，每逢空闲，我们学生也常常结伴外出，行走在三晋大地的田野上。每有收获，便迫不及待与老师分享，如此循环往复，这样一种潜移默化的教学方式，使得中心的学术传统得以薪火相传。

每年初春，中心门前两株玉兰不畏严寒，花香悠远。玉兰花的一种常见寓意便是知恩图报，也代表一种对完美的向往。回首这几年，更多是幸运与感恩。我有时候会想，如果当初我没有选择跨专业考研，如今自己会身在何方；如果复试那天，我没有遇到这样一群老师，没有误打误撞地走到鉴知楼前，故事的结局又会是怎样？有些东西不会随着时间而轻易改变，如果变了，只会变得更加强大。

胡师常勉励我们要精心打磨自己的学术，就像一把尖刀一样，才能在学术江湖中立足。此处借用万能青年旅店的一句歌词："记起我曾身藏利刃"，祝愿大家能够在生活和工作中披荆斩棘、不忘初心、永远年轻。

树高千丈，落叶归根，中心就像是一颗茁壮成长的参天大树，是我们的学术之源和精神信仰，是我们永远的家！谨以此文，祝山西大学中国社会史研究中心三十岁生日快乐！

我与中心那三年

——纪念中心成立三十周年

冯　希[1]

2022 年，是山西大学中国社会史研究中心成立三十周年。作为国内最早以社会史命名的研究机构，历经四代学人薪火相继、脚踏实地、追踪前沿，中心早已发展成为一个优秀的学术共同体，在国内外享誉盛名。在中心三年，幸得行龙老师、胡英泽老师与其他各位老师的教导与帮助，领会到了学术研究的魅力。毕业后，在外求学，常会遇到中心的学长学姐，并承蒙照顾。碰到其他学友，得知我曾在中心求学，除艳羡外，也都乐于交流，不得不说，这都是中心各位前辈与老师之功，才使得我们在外求学之辈，享受如此便利。

一

初遇中心，是在 2017 年暑假。那时拿到录取通知书没多久，我便联系了恩师胡英泽教授，表达了自己想要跟随老师读研的意愿。不久后，胡老师约我去办公室详谈。到了约定的那天，我在山大校园里兜兜转转，终于找到了中心所在的鉴知小二楼，敲开主任办公室，老

---

[1] 冯希，山西大学中国社会史研究中心 2017 级硕士研究生，现为华中师范大学中国近代史研究所在读博士研究生。

师温和地给我倒水，并询问我热不热，还打开了空调。老师问了什么已记不太清楚，只记得自己结结巴巴，回答得很糟糕。但老师并未过多追问，反而嘱咐我在暑假做些田野调查，不要荒废时间。这便是我和中心的初次相遇，带着些许遗憾，但也让我多了一丝敬畏与憧憬。

回到家后，我决定要好好做田野调查。但到了真正开始的时候，我却犯了难。起初由于经验不足，时常会和访谈对象相对无言，场面实在是尴尬。好在经过多次访谈，逐渐熟悉后，很多访谈对象便敞开心扉，毫不吝啬地向我分享土改以及四清往事，还拿出家中的契约给我拍照，这是我第一次接触到课堂上没有的、鲜活生动的历史，激发了我极大的兴趣，坚定了我做农村社会史的决心。入学后，我拿着几篇访谈报告和契约照片给胡老师展示，老师指出存在的问题并给出了解决方法，让我受益匪浅，那时起内心便一直期待再去进行田野考察。

2017 年 9 月末，听心钢师兄说中心师生要去绛县集体考察，当时激动许久。可到 10 月中旬才得知，这次考察不带新生，心中不免失望。回来后师兄师姐带了红艳艳的绛县山楂，分给了我和同门德州一部分，算是对我们聊表安慰。自此后，我便一直期待跟着老师与师兄师姐出去考察、做田野，可惜直到 2017 年年底，也再未有集体出去考察的机会。好在我们研一新生参与了绛县档案资料整理工作，也算是弥补了部分遗憾。整理档案那天，男生穿着防护服、戴着手套进行档案搬运，郭永平老师则教我们女生将档案排序装柜，休息之余，慧云姐给我们讲述田野趣事，说起她们在垃圾堆里找到了一张契约，更是神采飞扬，当时真是又新奇又羡慕。

我们 2017 级新生共有八人，田晋嘉当时提议我们自己创办一个读书会。在读书会上，大家都侃侃而谈，无不显示自己广泛的知识面与深厚的阅读量，为此我时常自惭形秽。胡老师大概是看出我缺乏自信，时常鼓励我，对我取得的进步会及时予以肯定，也耐心提出一些小建议，以解决我遇到的问题。记得最清楚的一次，是胡老师从李嘎老师处得知我学会了 MapInfo，并让我帮忙绘制一幅地图。绘制完成后，老师看着地图，高兴地说了一句："好，你学下本事啦。"胡老师经常会勉励我不要自我设限，要勇于去学习一些新东西。在胡师的鼓励下，我还学会很多新东西，比如 CAD 制图、数据分析等。我常因当众发言而苦恼，老师则教我发言前可先写发言稿，自己对着镜子练习几遍，发言时便不会紧张出错。

2017 年底，白如镜学长回家养伤，他在研究室的座位便空置了下来，二年级的慧斌师兄、慧云师姐便给我安排在如镜学长的位置上学习。在研究室里，除了自己看书、读档案外，师兄师姐们更是热心讲解，及时分享一些学术前沿，拉着我迅速进入学习状态。

二

老师自入学初便教育我们："为学贵自辟，莫依门户侧"，主张培养学生独立发现问题、解决问题的能力。在学习过程中，老师常说要对学生进行适度的指导，而非把饭喂到学生嘴里。也曾不厌其烦地教我们做研究，要创建自己研究方向的读书体系与目录，要有自己的一亩三分地，要对自己的研究摸清摸透，自信自己便是这一亩三分地的权威。到 2018 年，身边同学纷纷发了文章，我还未有选题，不由焦躁起来，老师认为我应该静下来多读书，发现问题之后，再出去搜集档案也不迟。但我不听老师劝导，请假出去搜集档案。老师知道后，大概是有些生气，给我发消息："你再着急，没有问题意识，有再多的档案，也是白费。你着急什么？好好做研究，什么都会有的。"我自知理亏，灰溜溜回校后，便老老实实在中心看书、翻档案。

2018 年初，我参与了胡老师、郭老师去岢岚县的调查项目，终于实现了跟随老师与师兄、师姐集体考察的愿望。刚去岢岚，不禁为当地易地搬迁扶贫的创举深深折服。在访谈过程中，有不少访谈对象对山中旧房的拆迁感到惋惜。我当时不大理解，毕竟破旧的房屋与明亮宽敞的楼房相比，孰优孰劣，一眼便知。随着访谈的深入与访谈对象的增多，一个又一个房屋的故事浮现在我的眼前。有为旧房拆迁惋惜的，有的是因旧屋是土改分配而自豪，也有因房屋问题导致邻里纠纷的，我当时便对农村房屋问题产生了极大的兴趣。

回去后，我便以家乡为研究区域，摸索着写出了一篇论文：《变与不变：农村房屋研究——以永济姚村为例（1947—1966）》，当时还曾以此篇论文作为课程作业交于其他老师，均得到最高分。我以为自己便算学会了如何写一篇学术论文。但胡老师告诉我，这篇论文看似涉及全面，其实并没有问题意识。做研究，要把小历史放入大的历史中考察，找准其在学术脉络中所对应的问题，才能更好地和现有的学术研究对话。为了更好地找出研究中存在的问题，老师让我把自己做好的史料梳理拿给他看，这一看，便发现了关键史料，指出我对问题不敏感。后来在老师指导下，我将史料重新细致分类，并完成了《20世纪五六十年代土改房屋分配及其变迁研究——以山西省永济县为例》一文的初稿，老师看完后说了一句："行了，总算有点样子了。"我当时长舒一口气，以为这就可以了，事实上，这仅仅是个开始，修改论文的烦琐与反复，实在是比写论文时还折磨人，数次想要放弃，是老师循循善诱，才算坚持到最后。后来文章改完至刊出，老师还专门将我历次的修改稿拿出来进行复盘，从头又教了我们一遍如何提炼问题意识、如何提取史料、如何将史料细致地分类，以及如何写论文、如何修改论文，可谓是细致到极致。后来我在此篇文章基础上进行拓展研究，又相继获得了国奖、校优以及拿到省优后，老师还曾笑言："你看，老师没有骗你吧，好好搞研究，什么都会有的。"此后，我也常会对身边焦虑的朋友说："好好做研究，什么都会有的。"

老师不仅为我们传道、授业、解惑，还身体力行，言传身教。老师常说："诚者乃成，诚则有物，不诚则无。"与人交往要诚，对己亦要诚。待人接物，诚恳对待，自不必说。对己诚，则是说做学问要对自己研究的问题诚，做研究，不为发文，只为自己解惑，只有自己内心真正明白了，才算解决问题。老师从不要求我们发文章，但会要求我们好好读书、读档案，在不断地阅读与思考中寻找问题，解决问题。2018年秋，老师曾带心钢师兄与我前往吕梁考察，在荒芜的田野中，秋风阵阵，我和师兄被冻得瑟瑟发抖，但老师却是兴致勃勃，丝毫不为寒风所动，田野考察访谈一样不落。回校后，当我把一米多长的地块还原图拿给老师时，老师毫不犹豫地将图铺在地上开始研究，看到重要处，还激动地给我和师兄指出来，布满血丝的眼睛里竟闪着光，不觉甚是感动，老师对学术研究的赤子诚心，实在是自愧弗如。

老师常说："治学要勤，要珍惜时光，不怕吃苦。"老师勤谨，虽工作繁忙，却常读书至深夜，不论是早上来到中心，还是每晚十点离开中心，老师只要在校，办公室的灯总是亮着。中心三年，老师办公室的那盏亮灯，时刻激励提醒我们学习要勤。毕业后，因疫情影响，未再踏入中心，也许久未曾目睹老师办公室那盏亮灯，但在我的心里，那盏灯始终亮着，不论在何地，都激励我勤奋、努力。老师提倡细致，认为精确也是高明，对于所学所写，无不细心细致分析，从不松懈。我们每年都会有学术训练，进行四清阶级成分登记表的录入工作。每次我们录入完毕，老师要花一到两个月时间进行细致的对比，并找出我们录入的问题，大到语句，小到数字，都会认真核对，并开会进行总结，以便我们及时吸取教训，避免下次出错。

胡老师无时无刻不在耐心浇灌、悉心培养学生。有时路上遇到，或在吃饭时，老师都会耐心叮嘱，或传授为学之道，或勉励勤奋治学。老师在赠阅《凿井而饮：明清以来黄土高原的生活用水与节水》时，曾题字道：愿你能凿一口属于自己的井。短短数字，包含了老师对学生的殷切期望。

三

自乔志强先生于1992年创办中心以来，这三十年里，中心四代学人秉承传统、研经铸史、薪火相继、追踪前沿、脚踏实地，形成了中心独有的学术理念与培养体系。行龙老师倡导"走向田野与社会"的学术理念，提倡档案资料与口述访谈相结合的研究方法。做研究先从自己家乡做起。我们在中心学到最重要的一课，便是了解自己的家乡，热爱自己的家乡。胡老师也教我们要以新奇的眼光看待自己的家乡，不要自以为了解家乡。要做有温度、有深度的研究，我们虽立足山西，但要将眼光放在全国甚至是全世界，不可局限于自我的一方小天地里。

中心学术氛围浓厚，各位老师会定期在鉴知青年学术工作坊分享最新研究成果，还会邀请海内外知名学者开办讲座，拓宽我们的学术视野。除此之外，中心每年还举办两次研究生鉴知论坛，为学生提供展示、锻炼与交流的平台。直至今日，研究生鉴知论坛已不再仅仅为中心学生开放，还面向全国各高校研究生，成为国内外青年学生重要的交流平台。

中心不仅是我们学习的地方，也是我们温暖的家，在这里行老师就像一个大家长，每到毕业之际，行老师总是伤心落泪，不舍学生离开。三年来，张俊峰老师分享最新学术前沿、马维强老师毫不吝啬分享自己的求学治学经验、常利兵老师"逼"我们读书、李嘎老师不厌其烦教我们绘图、郭永平老师为我们介绍田野方法，韩祥老师、赵中亚老师、曾伟老师、王帅老师总会在开题、中期、鉴知论坛中提出建设性意见，冯艳花老师更是帮我们找寻书籍、档案，陈叔、吕姨为我们提供坚实的后勤保障，让我们可以在中心心无旁骛地学习。

在中心三年，常因门楣"立足三晋，研经铸史；走向田野，鉴古知今"的学术志向而心潮澎湃，也曾因教室墙上的"有几分证据说几分话，有七分证据不说八分话"而时时谨慎，因老师办公室的一盏亮灯而勤谨细致，也曾因档案里的只字片语而雀跃，中心见证了我们每一次的小成长，为我们的学术之路提供源源不断的动力与养分，也时刻提醒规避我们走上弯路。愿中心能像一盏长明灯，时刻照亮我们一代又一代中心人的前进之路。三十而立，岁月如歌；春华秋实，桃李芬芳。诚愿中心在今后的征程中，迎来一个又一个更丰硕、更辉煌的三十年！

三年与三十年

赵泽中 [①]

2018 年春，由于考研成绩不大理想，自己已做好二战的准备。幸运的是，当年山西大学罕见地放出调剂名额，给予了我上岸的宝贵机会。经过一番考试，我最终进入中国社会史研究中心（以下简称中心），拜入胡英泽教授的门下攻读硕士学位。在系统接受学术训练的过程中，我不仅初步体会到科研探索的酸甜苦辣，也由此收获了受益终生的精神财富。

三年求学生活中，令我印象最为深刻的一句话来自行龙先生的教导："既不妄自菲薄，也不妄自尊大。"此番道理虽然听起来简单平实，但如要在现实中忠实恪守此语，恐怕尚有相当难度。为达到这种追求，行老师身体力行，在他的带领下，中心向来对学生的毕业要求严格把关。就自己旁听或亲历的鉴知论坛、开题报告、中期检查、预答辩乃至最终答辩等环节来说，与评的诸位老师总能直接而精当地指出问题所在，给出详细的修改建议。如此负责的态度无疑是一种对学生的言传身教，使我们在潜移默化中得到专业知识的增长和治学作风的熏陶。

作为行先生的入室弟子，英泽师也将上述理念贯彻到对我们这一代学生的培养中，并且又有发挥。他总是希望我们这些硕士生、博士

---

① 赵泽中，山西大学中国社会史研究中心 2021 届硕士研究生，现为华中师范大学中国近代史研究所在读博士研究生。

生学得更勤奋一点、扎实一点、出色一点，以后才好在工作中立稳脚跟。胡师反复强调："人的成长是逼出来的，任何一项研究都非轻轻松松、敲锣打鼓就能完成，想要舒舒服服地毕业只能是自欺欺人。要自己挤时间，保持紧迫感，早上有事，下午有事，中午没事，那就中午赶紧去做。"

不过，要想达到不妄自菲薄的水准，学人不仅需要扎实功夫的支撑，还要对学术理念有自觉的体认，胡师曾谈道："区域社会史的'专'不等同于'窄'和'薄'，它同样可以很广大。我们的题目可以小，但是关怀必须大，要有'山高人为峰'的雄心，不能只停留在湖泊之中，也要关注大江大河，在众说纷纭处勤加耕耘。我认为区域研究与整体研究并无高下之分，但应明白各自的优长与局限。"

这番话中，实际已包含有胡师对不同治学路径各有利弊的洞见。因此他嘱托我们要大小题目、各种方法都勇敢尝试，在切身体会的基础上选择适合自己的路。

以上论述只是我从笔记中摘取的微小片段，限于篇幅，此处无法再作充分的展开。事实上，胡老师不仅在历史时期的生活用水、地权分配、黄河生态等学术领域有所专长，对《老子》《坛经》《近思录》等典籍也有独到心得，并通读过一遍《资治通鉴》《毛泽东文集》等大部头书籍，生动地为学生演绎了"专"与"博"的关系，从而确立了弟子们对"整体史"的学术追求。

与此同时，胡师也经常教育我们不能因取得一点成绩就自高自大："对感情与心智的约束等同于自由，不能因为自己发了几篇文章就目中无人，认为自己的学问绝无问题。相反，要待己以诚，承认自己的无知。中国幅员辽阔，史料是多样而复杂的，受到特定时空和思维方式的影响，任何人写东西一定会有疏漏，因此所有的既有结论都是尝试性的，无论它怎样诱人，在没有经过考察和辩论之前，都只是暂时性的猜想，这是我们必须要坚守的信念。"

落实到教导学生的层面，胡师特别注意对我们学术品位的培养。

在我忝列师门的三年中，他不厌其烦地要求我们老老实实做人、安安静静做事，不要凑热闹频繁参会、乱发文章，而是要在踏踏实实治学中形成自己的核心参考书目、核心史料和核心观点，爱惜学术羽毛，为学术发展做出独特贡献。

强调学术自立是英泽师对我们的一贯要求。他特别强调学术成长不能依赖师友，而是要靠自己的摸索体悟。与之相应，胡师对学生选题一般不加限制，只在关键之处稍加点拨，任我们自由探索。这样一来，学生出成果的速度虽然较慢，却可能更有益于长远的发展。

严中有慈，也是胡师培养学生的一大特点。胡师对学生的要求虽然严格，但他并不吝啬对学生优点的赞美。不夸张地说，对我们这些后进来说，英泽师的一句肯定，就已是莫大的鼓舞与鞭策。对于学生经历的一些波折，他又常常半带劝慰、半带告诫地希望我们能抓住学术成长期间的关键所在，真正提升学术能力，不与别人争一时之长短。这样别具一格的教导可谓既传学术之薪，又教做人之理，实乃用心良苦。

在英泽师的教导下，我逐渐明白盲目攀比读书、参会、文章等方面的数量，均非理智之举。个人成长的要紧处在于我们研究过程中有怎样的问题关怀，能为学术共同体推进何种新知。毕业之后，在外出求学的日子中，胡师的诸多教导总是回响在我的耳边，持续指引着我前进的方向。

需要特别说明的是，中心不仅有四代学人的学术传承，也有着同辈学子的深厚友谊。中心同届的保营、江涛，同门中的心钢、爱明、文广、慧斌、文科、冯希、慧慧、裴磊、润芝、显迪、锐鑫，都与我情谊甚笃。大家或正在深造，或已进入高校工作，毕业之后仍常常保持联络，在前行的路上相互扶持、共同进步，这不能不说是一种弥足珍贵的缘分。

"此中有真意，欲辩已忘言。"自己虽只在中心求学过三年，但在这三年中所获得的精神养分是永恒的。中心成立至今有三十年了，已不知道给多少名学生提供过这样的精神滋养，今后也势必会成为更多青年的情缘所在。在山西大学中国社会史研究中心求学过的孩子们，都衷心地希望她能繁荣昌盛，不断迎接一个又一个的三十年。

附录：促进区域史研究回归整体史学理逻辑

采访人：曾江（《中国社会科学报》记者）
受访人：行龙（山西大学中国社会史研究中心主任、教授）

编者按：区域史研究近年势头强劲，学术成果不断涌现，新的学术平台也在陆续构建，成为学界关注的一个热点前沿话题。区域史已取得哪些主要成果？进一步推进区域史研究主要面临哪些问题？如何推进区域史研究不断走向深入？围绕相关问题，中国社会科学网近日到各地学术机构采访专家学者，分享动态、交流思想，以期对相关研究有所推进。中国社会科学网本期采访山西大学中国社会史研究中心主任行龙教授。

山西大学中国社会史研究中心成立于 1992 年，是国内最早以社会史命名的研究机构，已成为国内外知名的学术重镇。中国社会史研究中心主任行龙教授近日接受中国社会科学网专访，围绕相关话题——区域史与整体史再思、中国社会史研究中心的学术传统、乔志强先生和乔健先生的学术风范和影响、中心近年的学术成果、中心开拓并且正在深入推进的集体化时代农村研究，以及《社会史研究》刊物的学术旨趣等——与学界分享中国社会史研究中心的学术工作和他近期的学术思考。

区域史与整体史再思——面对问题"再出发"

中国社会科学网：拜读了您近期发表的论文《反思与前瞻：中国近代社会史研究的再出发》（载《史学理论研究》2020 年第 2 期），可否请您进一步谈谈此文的相关学术思考，针对哪些问题和现象而发？

行龙：中国社会史研究复兴近四十年来，已经取得了长足进展。从 20 世纪 80 年代学科理论体系的初步建立，到 90 年代区域社会史的勃兴，再到新世纪多学科的融合深化，每一个时间节点上都有一些论著对学科的走向进行过很好的反思与前瞻。作为参与者和见证者，笔者期间也曾就此发表过自己的看法，并且参加过有关热点问题的讨论。此次我与全平同志合作《反思与前瞻：中国近代社会史研究的再出发》一文，以反思问题为出发点借以前瞻，又以"再出发"为落脚点，意在面对问题"再出发"。

2018 年 9 月 21—24 日，山西大学中国社会史研究中心和山西省历史学会共同举办的"'从山西出发的历史学'暨纪念乔志强先生九十周年诞辰学术研讨会"在太原晋祠宾馆举行。参加此次讨论会的有李中清、康文林、沈艾娣、祁建民、邱仲麟、夏明方、安介生等中心已聘的海内外兼职教授及中心全体研究人员。围绕区域社会史研究，特别是以山西为中心的区域史研究，诸位都发表了很好的意见。我在此次会议和会后，更加缅怀乔志强先生开创中国近代社会史之功，遂有在新节点上"反思与前瞻"的意愿。

《反思与前瞻》一文主要讨论了三个问题：一是"通前至后"。与中国近代史一样，贯通 1840 年到 1949 年的中国近代社会史。社会史不能以政治史标准分期，而要针对研究的问题进行客观分期，具体的问题需要追溯更远更长，要有通前至后的眼光。二是"新旧之间"。乔志强先生主编的《中国近代社会史》、陈旭麓先生所著《近代中国社会的新陈代谢》是新时期中国近代社会史的开创之作，也是总体社会史研究之作。虽然几十年来的近代社会史专题研究五彩缤纷、趋新为上，"社会"旗帜下的各类专史蜂蝶而来，但构建研究框架和理论体系的学术勇气总让人感到气短。承前启后，中国近代社会史研究仍然需要"总体史"的追求。三是"大小之间"。大与小是相对的，整体史与区域史也是相对的，没有高下之分。区域取自整体，它的意义也有赖于整体。缺乏区域的整体史难免只有框架而缺乏骨肉，囿于区域而不见整体的社会史难免见木不见林，区域史的研究一定要有整体史的眼界。

"走向田野与社会"的学术传统

中国社会科学网：回顾学术历程，山西大学中国社会史研究中心成立近三十年，已成为有重要影响的学术重镇。请您介绍下中心的学术传统，分享下"走向田野与社会"的学术理念。

行龙："走向田野与社会"是山西大学中国社会史研究中心的学术追求与实践，也可以说是我们的学术传统。记得"走向田野与社会"付诸文字，最早是在2002年。那一年，为庆祝山西大学建校100周年，校方组织出版了一批学术著作，其中一本是我主编的《近代山西社会研究》（中国社会科学出版社），此书的副标题就叫"走向田野与社会"。2007年，我的另一本书将此副题移作正题，名曰《走向田野与社会》（生活·读书·新知三联书店）。2015年，此书修订版仍然保留了这个书名。在2004年的一次校内学术报告中，我曾就"走向田野与社会"进行过说明："这里的田野包含两层意思：一是相对于校园和图书馆的田地和原野，也就是基层社会和农村；二是人类学意义上的田野工作，也就是参与实地考察的方法。这里的社会也有两层含义：一是现实的社会，我们必须关注现实的社会，懂得从现在推延到过去或者由过去推延到现在；二是社会史意义上的社会，这是一个整体的社会，也是一个'自下而上'视角下的社会"。不难发现，"走向田野与社会"实际上是以社会史和人类学两个学科为支撑点，这样一个治史的理念又承继于山西大学中国社会史研究的两位前辈学者，这就是我们通常尊称的"二乔"——乔志强、乔健。

"二乔"先生——乔志强与乔健先生的学术影响

中国社会科学网：听说山西大学中国社会史研究中心的鉴知楼置放着"二乔"先生的雕像。请介绍下中心为什么立有两位乔先生的雕像，两位先生有哪些学术影响？

行龙：好的。乔志强先生 1928 年出生于山西交城。1951 年从山西大学历史系毕业后，一直在山西大学从事历史学的教学与研究工作，曾担任多年的历史系主任和历史研究所所长，是一位纯粹的本土学者。乔先生最早出的一本书，是 1957 年山西人民出版社出版的《曹顺起义史料汇编》。该书区区 6 万字，除抄录第一历史档案馆有关上谕、奏折、审讯记录稿本外，很重要的一部分是他采访当事人后人及"其他当地老群众"并召开座谈会所收集的民间传说。也是从 1950 年代开始，他在教学之余，又开始留心搜集山西地区的义和团史料。现在学界利用甚广的刘大鹏之《退想斋日记》《潜园琐记》《晋祠志》等重要资料，就是他在晋祠圣母殿侧廊看到刘大鹏的碑铭后，顺藤摸瓜，实地走访得来的。

1980 年，乔志强先生推出了《义和团山西地区史料》这部来自乡间田野的重要资料书，这批资料也成就了他早年的山西义和团研究和辛亥革命前十年史的研究。1980 年代，乔志强先生以其敏锐的史家眼光，开始了社会史领域的钻研和探索。我清楚地记得，他与研究生一起研读相关学科的基础知识，一起讨论提纲著书立说，一起参观考察晋祠、乔家大院、丁村民俗博物馆，一起走向田野访问乡老。一部《中国近代社会史》被学界誉为中国社会史"由理论探讨走向实际操作的第一步"，成为中国社会史学科体系初步形成的一个最重要标志。就是在本书的长篇导论中，他在最后一个部分专门谈"怎样研究社会史"，认为"历史调查可以说是社会史的主要研究方法"，举凡文献资料，包括正史、野史、私家著述、地方志、笔记、专书、日记、书信、年谱、家谱、回忆录、文学作品；文物，包括金石、文书、契约、图像、器物；调查访问，包括访谈、问卷、观察等，不厌其烦，逐一道来，其中列举的山西地区铁铸古钟鼎文和石刻碑文等都是他多年的切身体验和辛苦所得。

社会史意义上的"社会"，又是一种"自下而上"视角下的社会。与传统史学重视上层人物和重大历史事件的"自上而下"视角不同，社会史的研究更重视芸芸众生的历史与日常。举凡人口、婚姻、家庭、宗族、农村、集镇、城市、士农工商、衣食住行、宗教信仰、节日礼俗、人际关系、教育赡养、慈善救灾、社会问题等，均从"社会生活的深处"跃出而成为社会史研究的主要内容。显然，社会史的研究极大地拓展了传统史学的研究内容，如此丰富的研究内容决定了社会史多学科交叉融合的特性，如此特性需要我们具有与此研究内容相匹配的相关学科的基础知识与训练，需要我们走出学校和图书馆，走向田野与社会。由此，人类学、社会学等成为社会史最亲密的伙伴，社会史研究者背起行囊走向田野，"优先与人类学对话"成为一道风景。

乔健先生 1934 年出生于山西介休，20 世纪 80 年代起，先后在香港中文大学、台湾东华大学、世新大学任教。先生对我国台湾卑南人，美国印第安人，大陆瑶族、畲族、藏族均有相当研究，后期致力于"底边阶级"，尤其是山西"乐户"的研究，著述甚丰。乔健先生是一位立身田野从来不知疲倦的著名人类学家。他为中国人类学的发展做出了重要贡献，同时，也为扩展山西大学的对外学术交流，尤其是对中国社会史研究中心的学术发展付出了大量的心血。1996 年，我初次与乔健先生相识，并开始直接受到乔健先生人类学的指导和训练。2001 年，乔健先生又申请到一个欧洲联盟委员会关于中国农村可持续发展的研究项目，我们多年来关注的一个田野工作点赤桥村（即晋祠附近刘大鹏祖籍）被确定为全国七个点之一。2006 年下半年，我专门请乔先生为研究生开设了文化人类学专题课，他编写讲义，印制参考资料，每天到图书馆十层授课论道，往来不辍。那个年代，他几乎每年都要来中心一到两次，做讲座、下田野，乐在其中，老而弥坚。在乔健先生的推动下，山西大学成立了华北文化研究中心，他还将一生收藏的人类学、社会学书籍和期刊捐赠给中心，命名为"乔健图书馆"，又特设两个奖学金鼓励优秀学子立志成才，其情其人，令人感佩。

2014 年 9 月底，第十三届人类学高级论坛在山西大学举办，这是山西大学社会史与中国人类学界的一次大聚会，也是社会史与人类学两个学科的交融之会，可惜乔健先生因身体有恙未能成行。

如今，以山西大学中国社会史研究中心为核心被命名的各种教研机构名称多达近十种，而只有"中国社会史研究中心"和"华北文化研究中心"两块招牌醒目地嵌入门前，中心恭敬地置放着"二乔"的雕像，每每瞻望，不胜感慨。

四代学人薪火相继、孜孜以求

中国社会科学网：关于当前研究，中国社会史研究中心近年在开展和推进哪些学术工作，取得哪些代表性学术成果？

行龙：在"走向田野与社会"理念的导引驱动下，中心四代学人薪火相继、孜孜以求，取得了一批有影响的学术成果。除个人专著外，近几年来，中心还组织出版了三套丛书，兹列如下：

1. 《田野·社会丛书》

此丛书收录山西大学中国社会史研究中心本兼职研究人员著述。2012 年，首批推出第一辑四本，内容涉及"水、土、灾、戏"；2018 年，推出第二辑六本，围绕"以水为中心的山西社会"展开，内容涉及泉域社会、生活用水与节水、晋祠稻米与水利、水患与城市环境等；第三批六本目前也在陆续推出，包括集体化时代的农村社会研究，令人期待。本丛书"以山西为中心"展开区域社会史的相关专题研究，每个专题都利用了大量田野工作搜集到的地方文献、民间文书及口述资料，践行了走向田野与社会的治史理念。整体和区域并不等同于宏观和微观，而只是反映事物多样性和统一性及其相互关系的范畴。整体只能在区域中存在，只有通过区域而存在。区域史的研究不可误认为只是"自下而上"的研究，只有"自下而上"与"自上而下"的结合，才能实现"整体的"社会史这一研究目标，才能避免"碎片化"的陷阱。这是丛书诸位作者的一个共识，也是丛书的学术目标。

2.《沁河风韵系列丛书》

沁河是山西的第二大河流。2014 年春天，山西大学成立"三晋文化传承与保护协同创新中心"。我们提出集中校内外多学科同仁对沁河流域进行集体考察研究的计划，"沁河风韵学术工作坊"由此诞生。工作坊汇聚了来自校内历史学、考古学、社会学、地理学、语言学、民俗学、生态学、建筑学、体育学、教育学、中外交流史等多学科的专家学者，并特聘晋城市地方文化工作者 6 人参与其中。在前期5 场专题学术报告和 40 余天文献爬梳的基础上，我们利用暑假时间，开始了十余天的沁河流域"集体考察"。之后，工作坊各课题组团队或个人又对沁河流域 170 多个田野点进行了考察，前后累计达 2000余人次。"沁河风韵学术工作坊"是一次文献研究与田野考察相结合的学术实践，也是多学科专家学者走向田野与社会的一次身心体验。2016 年此系列丛书 31 册由山西人民出版社出版，这部"兼具学术性与通俗性"的丛书，全方位展示了沁河流域的社会发展与变迁，受到省内外专家学者及社会各界的好评。

3.《教研相长七书》

中心成立 20 多年来，秉持教研相长的优良传统，一直强调在做好科学研究的同时，做好本科生和研究生的教学工作，既要把自己的研究成果融入教学实践中，又要把教学实践中的问题引入自己的科学研究中，朝着"教研相长"的方向不断努力。乔志强先生主编的《中国近代社会史》，曾获得教育部优秀教学成果奖，成为至今许多高校本科生、研究生的必读书和教材。虽然中心现阶段的研究重心由整体社会史转向区域社会史，但教研相长却一以贯之，全力以赴。围绕十多年前为本科生开设的《区域社会史研究导论》课程，我们组建了"区域社会史"教学团队，获得了国家精品课程、视频公开课、优秀教学团队等荣誉，山西大学历史学科以此成为国家级特色学科，并建立了国家级的校外大学生实践教学基地。2014 年，中心被人力资源和社会保障部、教育部共同授予"全国教育系统先进单位"的荣誉称号。为弘扬中心"教研相长"的优良传统，2018 年，我们组织出版了中心四代学者的《教研相长七书》，既包括《中国近代社会史》《区域社会史研究导论》这样的教材，又有学生学位论文、田野考察报告、读本等内容，意在为大学生、研究生提供一个区域社会史的系列读本。

《社会史研究》持守开放姿态，绝不画地为牢

中国社会科学网：关于刊物，中心为什么创办《社会史研究》辑刊？刊物近期策划关注哪些主题？计划推进哪些工作？

行龙：十多年前，山西大学中国社会史研究中心即在筹划出版有关社会史研究的学术期刊。2011 年《社会史研究》创刊号以"中国社会史研究的理论与方法"立题面世，一时好评如潮。《社会史研究》每集坚持一个主题三个栏目：一个主题即为时下社会史研究的热点领域和问题；三个栏目即专题论文、学术评论、资料选编。其中，学术评论围绕本集主题展开评述讨论，资料选编每集选录山西大学中国社会史研究中心收藏的一手资料五万字左右公布。目前为止，围绕"社会史研究的理论与方法""区域社会史""水利社会史""灾害社会

史""集体化时代的农村研究""地权研究"等专题已发表专题学术论文近百篇。本刊以特色鲜明、质量上乘得到学界的广泛支持与肯定，学术影响力日益扩大。多年前，《社会史研究》已成为中国知网"中国学术期刊网络出版总库"的收录集刊。

自 2018 年开始，《社会史研究》每年出版两辑。2020 年开始，本着"以质量求生存，以特色求发展"的办刊宗旨，本刊拟进一步改版。改版后的《社会史研究》仍由山西大学中国社会史研究中心主办，主编聘请本中心本兼职教授组成专家委员会，成立专门的编辑部，以利进一步提升刊物质量。正如在创刊号"致读者"里写道的那句话一样："就像社会史研究的五彩缤纷一样，《社会史研究》辑刊持守开放的姿态，绝不画地为牢"，"我们是要把她作为严肃而又可亲的'刊物'来培育的"。

"我们孜孜以求的社会史到底应该是一个什么模样？"

中国社会科学网：在您看来，"以山西为中心"的研究工作可以为认识整个中国史做出什么样的学理贡献或方法论启示？

行龙：1992 年成立的山西大学中国社会史研究中心，是国内最早成立的以社会史命名的研究机构，迄今她已走过了近三十年的历程。三十而立，反思从乔志强先生开创的中国近代社会史研究，后辈学人在承继传统的基础上，从整体社会史到区域社会史转向，四代学人孜孜以求的社会史到底应该是一个什么模样？这是一条很值得思考和总结的学术脉络。换言之，"以山西为中心"的区域社会史研究究竟可以为整体的社会史，甚至整个中国史研究提供哪些学理的贡献？还是那句老话，我们虽不能至，但心向往之。

在我们看来，区域社会史既不是通史内容和叙事的地方化，也不是通史分期和体例的地方版，区域社会史的"区域"是根据问题而划定的区域。根据问题而划定的区域，又是在一定的时间和空间中发生的问题，社会史"是由历史学家提出问题的史学"（布洛赫语），区域社会史亦复如此。

历史的所有问题都可以，也只能在区域的范围内探寻其变化的根源，进而实现对历史的全面理解，这是因为区域只是相对的，区域没有大小之分，它是变动的，而不是固化的。在区域社会史研究中，时间、空间、人物都是放在特定区域中加以考察的。"地理是舞台，历史是演剧"，所谓的老话非但不过时，更让区域社会史研究者警醒。

1.着力水利社会史研究

"山西之长在于煤，山西之短在于水"，这是一个现实的突出问题。以此问题为出发点，21世纪之初，我们就着力从事人口、资源、环境史的研究，尤其是现今谓之的"水利社会史"研究。如今，此领域的研究摆脱了"就水利而水利"的缺陷，与之相互作用的区域生态环境、政治、经济、军事、文化及水案、灌溉、土地、灾害、防洪、祭祀、信仰、宗族、民俗等，都在区域的视角中得到研究和展现。其实，水和土一样，都是重要的生产力要素，之前我们过多地关注对生产关系的研究，对水的研究并未给予足够重视。"水利社会史"形成当今的研究热点，或有人称之为一门学科，区域社会史的带动功莫大焉。

2.增强对中国史多元性、复杂性的认识

区域社会史不能只是通史历史分期的地方版，区域社会史的分期需要根据区域社会发展的实际来划分，依样画葫芦地将中国"大历史"的分期简单套用照搬到具体的区域历史研究中来，往往难免隔靴搔痒，不得要领。1840年的鸦片战争是中国近代史的开端，近代史与古代史最大的不同，就是外来势力以侵略者的姿态进入中国。从区域社会史的角度而言，1840年就很难整齐划一地作为"区域"的分界点。西方势力的侵入，经过了一个自东向西、由沿海到内地的漫长过程。就华北而言，直到第二次鸦片战争后，天津的开埠才使华北地区直接感受到了那种血腥。就山西而言，光绪初年的那场"二百年未遇"的大灾，

甚至要比鸦片战争对地方社会的影响更大。就像中华文明自黄河流域渐次展开一样，从区域社会史的角度出发，区域历史也有其不同于"大历史"的节点和节奏，区域社会史研究增强了我们对中国史多元性、复杂性的认识。

3. 开拓集体化时代农村研究

方兴未艾的区域社会史研究，带动了大量"地方性文献"的发现与搜集，有人将此形容为"井喷式"的发现。尽管也有人批评有研究者过于迷恋和夸大地方文献证史的作用和意义，但资料的搜集整理毕竟是史学研究的基础，何况什么文献与遗留可以利用，什么又不可以利用呢？我们认为，大量地发掘、搜集、整理地方文献，是对中国历史学的重要贡献，学术的贡献不仅是著述的发表出版，资料的搜集整理同样是重要的贡献。自21世纪初开始，山西大学中国社会史研究中心下大力气搜集整理集体化时代的农村基层档案，从家乡出发的个体搜集，到县域单位的"集体调查"；从编织袋里的杂乱无序，到科学分类的数据化建设；从几个村庄的数百件档案，到数百村庄的数千万件档案，可谓"无奇不有，无所不包"。正是在大量基层农村档案的基础上，催生了"集体化时代农村研究"这一现今备受关注的领域。当然，以地方文献为基本资料的研究还会有这样那样的不足，但研究和资料搜集同样是一个不断延续、不断提升的过程。对于集体化时代基层农村档案的搜集整理，我们认为一定程度上是对中国文化的抢救工作，它对多学科的相关学术研究及当代中国现实都有着重要的意义。十多年前，在大量基层农村档案的基础上，本中心创建了一个集档案、报刊、实物为一体的"集体化时代农村社会综合展"，此馆现已被命名为山西省爱国主义教育基地，受到学界和社会各界的广泛好评。

让区域史回归整体史

区域社会史并没有什么特别的奥妙，区域只是我们提出问题、分析问题的视角和工具。华南学派的同仁们以宗族、仪式、族群认同为切入点，研究地方社会逐步纳入国家的过程及其间的复杂关系。山西则从现实问题出发，以人口、资源、环境为出发点，尤其是以"水利社会"为突破口开展区域社会史研究，二者都注重人类学的田野工作。华南要"走进历史现场"，山西要"走向田野与社会"。"地方性知识""在地化""江南模式""华北模式""关中模式"等，都有各自不同的问题意识，都是区域社会史大花圃中不同的艳丽花朵，赤橙黄绿青蓝紫，远近高低各不同。重要的是，区域史要回归整体史。如何从区域史的成果中提取有关整体史的普遍性知识？如何从区域史的研究中引申出更具概括力的解释框架？如何从区域史的研究中更深刻地体现整体史的脉络？区域史如何提升我们对历史认识的深度？这些都是需要认真思考和实践的问题。

如果从笔者跟随乔志强先生读硕士学位算起，山西大学的社会史研究已近四十年。以"走向田野与社会"为治史理念，从整体的社会史到区域的社会史，从《中国近代社会史》到《区域社会史研究导论》，我们不仅搜集整理了大量的"地方性文献"，而且开拓了一些新的研究领域。四十年即将过去，时间上我们与先生渐行渐远，学术思想上我们与先生越走越近，"让区域史回归整体史"，这是一个往复的过程，也是一个不可间断的过程。

尽管学界同仁也有人称我们为"山西学派"或"山西历史研究的山药蛋派"，但我们从来不敢以此自诩。上述所及，其实一定程度上都是无心插柳柳成荫。言不及义，权且一点自我反思而已。

后　记

一所大学，两个甲子；一个中心，三十而立。

山西大学中国社会史研究中心即将迎来成立三十周年的日子。这是中心发展史上的大日子，对我们来说有着非同寻常的意义。

中心成立二十年之时，我们曾编辑出版了一本叫作《风华正茂：山西大学中国社会史研究中心成立 20 年》的纪念文集。一晃十年过去了，我们又要出版这本"三十而立"的纪念文集了。从"风华正茂"到"三十而立"，其间，变迁的不仅仅是时光的流转，更是中心四代学人不断反思、不断创作、不断走向成熟的过程。

三十而立，所立者何？我想读者诸君自能从这本册子中找寻到答案。这本文集的作者，或是从中心毕业的学生，或是与中心有着密切学术联系、为中心发展做出重要贡献的学者。由他们来记述、总结这些年来中心的发展，再合适不过了。

尚需说明的是，受篇幅所限，一些纪念文章未被收录进来，颇为遗憾。

最后，向本书编辑组诸位同志表示感谢。

行龙

2022 年 4 月 8 日